Ja, ICH GRILL!

VEGETARISCH

MORA FÜTTERE
50
REZEPTE
zum
NIEDERKNIEN
Ja, ICH
GRILL!
VEGETARISCH
EMF
EIN BUCH DER
EDITION MICHAEL FISCHER

Inhalt

SUPERLECKERES GEMÜSE *vom Grill!*

Grillen! Gibt es etwas Schöneres, als sich gemeinsam mit lieben Freunden im Freien aufzuhalten, den Grill anzufeuern, gemeinsam zu essen und im Idealfall die ganze Nacht am Feuer zu sitzen, zu reden und Erinnerungen auszutauschen? Ich persönlich liebe dieses gesellige Miteinander – verbunden mit gutem Essen vom Grill!

Womöglich fragen Sie sich, warum ich ausgerechnet ein vegetarisches Grillbuch geschrieben habe. Ganz bestimmt nicht, um das gängige Klischee zu bedienen, Frauen würden „nur" Gemüse grillen. Das stimmt definitiv nicht. Nein, ich persönlich finde, dass Gemüse vom Grill einfach superlecker schmeckt und es vielfältige und interessante Möglichkeiten gibt, es zuzubereiten und zu kombinieren.

Ich bin der Meinung, dass nicht immer Fleisch auf den Grill (auf den Herd und in den Backofen) muss. Ja, ich bin sogar überzeugt, es darf nicht immer Fleisch sein! Ich bin in einer Familie aufgewachsen, in der oft vegetarisch gegessen und vor allem saisonal gekocht wurde. Und wenn es dann mal Fleisch gab, gab es „ehrliches" Fleisch, Fleisch von Tieren, die in der Region aufgewachsen waren. Ich persönlich esse sehr gerne Fleisch, aber in Maßen und mit dem nötigen Respekt vor dem Tier.

Mit diesem Buch möchte ich zeigen, dass vegetarisches Grillen mehr ist als nur das Gemüsepäckchen vom Grill. Ich möchte zeigen, wie vielfältig es sein kann und dass es auch bei kaltem Wetter und im Winter Spaß bringt. Darüber hinaus möchte ich Ihnen vermitteln, was wann bei uns im Land wächst und wie es zubereitet werden kann. Obst, Gemüse und Kräuter können ihren vollen Geschmack nur entfalten, wenn sie saisonal frisch geerntet und die Transportwege kurz gehalten werden. Ich finde einfach, dass eine Erdbeere im Winter auf unseren Tellern nichts verloren hat.

Ich wünsche viel Freude beim Lesen, Ausprobieren und vor allen beim Grillen!

FABIAN

GRILL BASICS

SAISONKALENDER: GEMÜSE

GEMÜSE/SALAT/PILZE	JANUAR	FEBRUAR	MÄRZ	APRIL	MAI	JUNI
Aubergine						
Bataviasalat						
Blumenkohl						
Brokkoli						
Bohnen						
Chicorée						
Eichblattsalat						
Eisbergsalat						
Erbsen						
Fenchel						
Feldsalat						
Grünkohl						
Gurken						
Karotten						
Kartoffeln						
Knoblauch						
Knollensellerie						
Kohlrabi						
Kopfsalat						
Kürbis						
Lauch						
Mais						
Mangold						
Meerrettich						
Paprika						
Pastinake						
Petersilienwurzel						
Pfifferlinge						
Pilze (Champignons)						
Radieschen						
Rettich						
Rosenkohl						
Rote Beete						
Rotkohl						
Rucola						
Romanasalat						
Schwarzwurzel						
Spargel						
Spinat						
Stangensellerie						
Steckrüben						
Steinpilze						
Tomaten						
Topinambur						
Weißkohl						
Wirsing						
Zucchini						
Zwiebeln						

Lagerware

Wächst in diesem Monat in Deutschland

SAISONKALENDER: OBST

OBST/NÜSSE	JANUAR	FEBRUAR	MÄRZ	APRIL	MAI	JUNI
Äpfel						
Aprikosen						
Birnen						
Blaubeeren						
Brombeeren						
Erdbeeren						
Hagebutten						
Haselnüsse						
Himbeeren						
Holunderbeeren						
Johannisbeeren						
Kastanien						
Kirschen						
Melone						
Mirabellen						
Nektarinen						
Quitten						
Pfirsiche						
Rhabarber						
Stachelbeeren						
Trauben						
Walnüsse						
Zwetschgen						

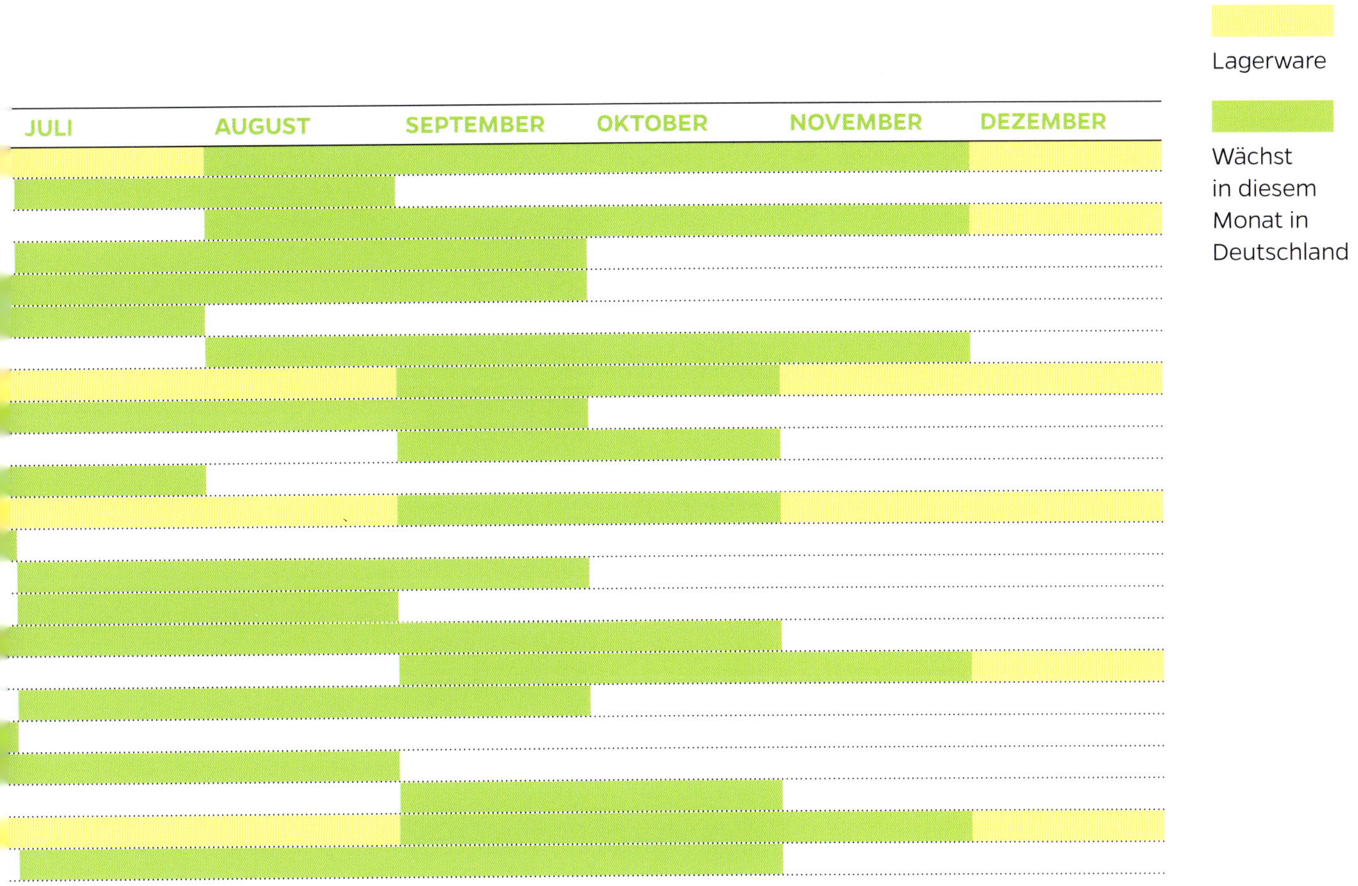
JULI
AUGUST
SEPTEMBER
OKTOBER
NOVEMBER
DEZEMBER
Lagerware
Wächst in diesem Monat in Deutschland

SAISONKALENDER: KRÄUTER

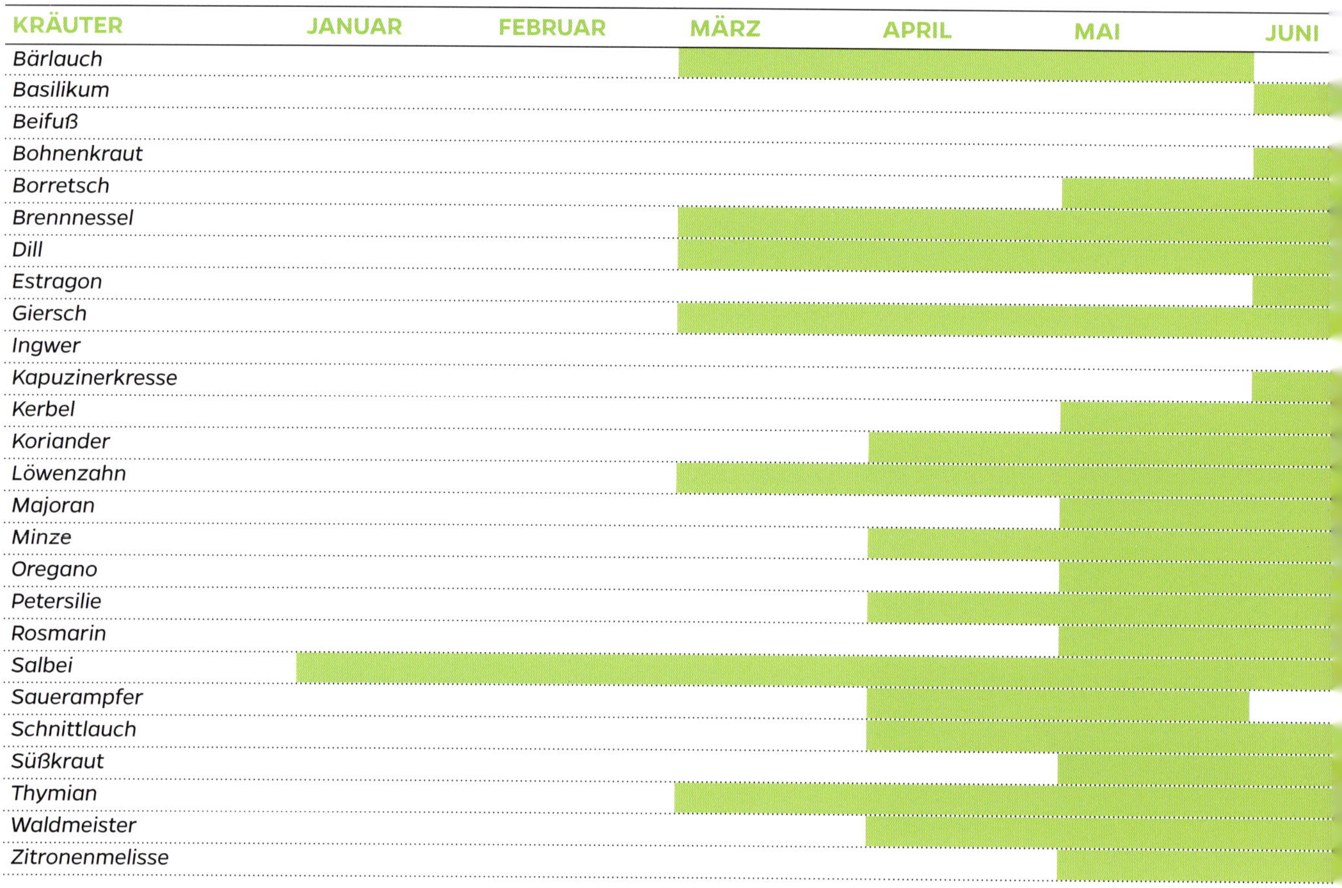

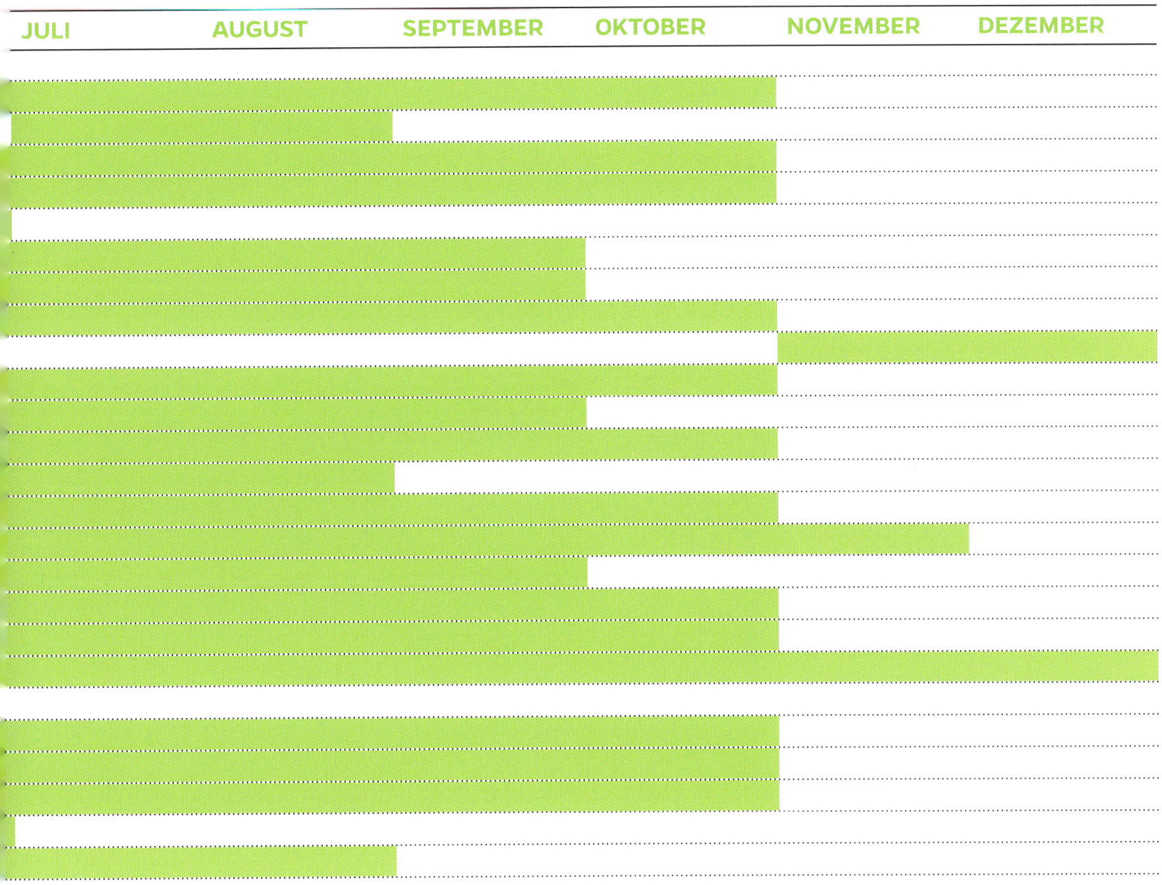

Lagerware

Wächst in diesem Monat in Deutschland

Olivenöl
GESCHMEIDIGE LEIDENSCHAFT

VON RUDI BRAUN

Viele Mythen und Skandale ranken sich um dieses einzigartige Lebensmittel, welches bereits vor Jahrtausenden einen Quell des Genusses, der Gesundheit und des Reichtums darstellte.
Ich bin kein zertifizierter Olivenöl-Experte und umgarne mich nicht mit professioneller Dampfplauderei, um zu erklären, wie viele Öle ich schon probiert habe. Ich schleudere Ihnen auch keine aberwitzigen Fachbegriffe um die Ohren, die Sie schwindlig werden lassen. Nein, das tue ich nicht.
Ich bin Olivenöl-Enthusiast, ich glaube an ehrlich produziertes Olivenöl und kleine Betriebe, die seit vielen Generationen, mit harter Arbeit, Fachwissen und dem Drang nach ständiger Weiterentwicklung, hervorragende Olivenöle produzieren.

WARUM OLIVENÖL?

Olivenöl ist in Deutschland ein fester Bestandteil der Ernährung. Es ist gesund und enthält wertvolle ungesättigten Fettsäuren. Vor allem die mehrfach ungesättigten Fettsäuren sollten wir vermehrt zu uns nehmen, denn sie transportieren die für uns so wichtigen Vitamine in den Nahrungsmitteln (gerade eben in der vegetarischen Ernährung) in unseren Körper.

WELCHE KATEGORIEN VON OLIVENÖL GIBT ES?

Olivenöl extra nativ

Kalt gepresst und ohne übermäßige Temperatureinwirkung (unter 27 °C/Kaltextraktion) schonend hergestellt. Der Säuregehalt liegt unter 0,8 %.

Olivenöl nativ

Kalt gepresst und ohne übermäßige Temperatureinwirkung (über 27 °C) schonend hergestellt. Der Säuregehalt liegt über 0,8 % und unter 2 %.

Lampantöl

Der Säuregehalt liegt über 2 %, das Öl ist deutlich fehlerhaft und nicht für den Verzehr geeignet, es muss raffiniert werden.

Das allerdings nur rein theoretisch, da es in den Läden nur Olivenöl extra nativ zu kaufen gibt.

WIE ERKENNE ICH FRISCHES & MÖGLICHST GUTES OLIVENÖL?

Ohne die Flasche zu öffnen, ist es natürlich schwer, ein Olivenöl nur anhand der Flasche und des Etiketts zu bewerten. Generell ist schon mal sehr gut, wenn das Erntejahr auf der Flasche angegeben ist. Das lässt sich ganz einfach kontrollieren, wenn Sie vom Haltbarkeitsdatum etwa 18 Monate zurückrechnen und ungefähr bei den Erntemonaten ab Oktober landen. Angaben zur Qualität (extra nativ) und Verarbeitung (erste Güteklasse ausschließlich per mechanischen Verfahren gewonnen, Kaltextraktion) sind ebenfalls hilfreich und müssen auf der Flasche ersichtlich sein.

Auch eine Angabe zum Produzenten und der Region sollten aufgeführt sein. Fehlen diese, kann es sich eventuell um einen Blend handeln, also eine Mischung aus verschiedenen Sorten aus diversen Ländern/Anbaugebieten.

Fehlen diese Angaben auf deutscher Sprache auf der Flasche, dürfte dieses Olivenöl in Deutschland nicht verkauft werden.

OLIVENÖL NUR IM SALAT?!

Meine Lieblingsfrage, welche für den Ehemann einer Griechin wirklich schwer zu beantworten ist (oder eher einfach), da wir Olivenöl für alles in unserer Küche verwenden.

Ja, definitiv im Salat. Immer und viel! Oder auch einfach pur, zum Tunken mit Brot, gerne auch mit einem leckeren hochwertigen Salz. Kochen, schmoren und schonendes Braten auf jeden Fall! Denn besonders während des Koch-/Bratvorgangs entfalten sich die Aromen eines Olivenöls in einzigartiger Weise.

Am besten träufelt man über das fertige Gericht noch etwas Olivenöl, dann entwickelt sich der Geschmack des Öls in Verbindung mit den Aromen ganz hervorragend. Extra natives Olivenöl ist eines der stabilsten Speiseöle überhaupt und erfährt beim Erhitzen die wenigsten Veränderungen. Das liegt an dem hohen Anteil an einfach ungesättigten Fettsäuren im Olivenöl. Bis zum Rauchpunkt ist alles möglich. Dieser liegt je nach Expertenmeinung zwischen 180 und 190 °C. Für „normale Gerichte“ ist diese Temperatur vollkommen ausreichend.

HOLZKOHLE *Grills*

DER GRILLRING

In der Mitte brennt das Feuer, im Kreis um das Feuer herum wird gegrillt. Durch die optimale Wärmeverteilung des Grillrings ist dieser vielfältig einsetzbar. Es können kurz gebratenes Gemüse, Spiegeleier und sogar süße Crêpes darauf zubereitet werden. Mit einem glatten Spachtel ist der Ring einfach und schnell zu reinigen, sehr praktisch.

Besonders geeignet für:
Kurzgebratenes, *z. B. Mediterranes Grillgemüse, Bratkartoffeln,* ***Gebackenes,*** *z. B. Crêpes, Spiegeleier, paniertes Gemüse.*

DER KUGELGRILL

Der Kugelgrill ist mit der gängigste Grill und durch seinen Deckel ideal, um schonend und schnell zu grillen. Je nach Größe hat man die Möglichkeit, eine direkte und indirekte Grillzone einzurichten, was das Grillen im Kugelgrill stark vereinfacht.

Besonders geeignet für:
Direktgegrilltes, *z. B. Grillgemüse, Indirektgegrilltes, z. B. großes Gemüse wie Fenchelknollen,* ***Gebackenes vom Schamottstein,*** *z. B. Pizza.* ***Bei geschlossenem Deckel*** *können z. B. Muffins in der Silikonbackform darauf gebacken werden.*

DER SMOKER

Den Smoker gibt es in verschiedenen Ausführungen. Der Klassiker ist aber die sogenannte Lokomotive. Auf dem Smoker gibt es verschiedene Temperaturzonen, die sich ideal dafür eignen, um verschiedenes Gargut über viele Stunden bei geringen Temperaturen schonend zu räuchern. Zum Räuchern wird gerne Buche, Eiche und verschiedenes Fruchtholz verwendet. Beliebt sind auch Chips und Chunks, die vor dem Räuchern gewässert werden.

Besonders geeignet für:
Niedrigtemperatur, *z. B. Käse vom Zedernholzbrett,* ***Geräuchertes,*** *z. B. gefülltes Gemüse, Tofu, Käse.*

DIE FEUERSTELLE

Der Klassiker ist immer noch die altbewährte Feuerstelle. Eine leichte Vertiefung in der Erde reicht aus, um mit Holz ein Feuer zu schüren. Das Dreibein darüberstellen und schon kann es losgehen. Perfekt, um direkt und in der Glut zu grillen.

Nach dem Essen kann man nochmals anfeuern und ein romantisches Lagerfeuer genießen!

Besonders geeignet für:
Kurzgegrilltes, *z. B. Tofu, gegrilltes Gemüse, Gemüsepäckchen,* ***In der Glut backen,*** *z. B. Folienkartoffeln.*

DER DUTCH OVEN

Der Dutch Oven ist ein gusseiserner Topf, der von unten und von oben mit glühender Kohle bedeckt wird. Dadurch schmort das Gargut im Inneren.

Besonders geeignet für:
Zum Schmoren *und* ***für Eintöpfe.***

DER KERAMIKGRILL

Der Alleskönner! Perfekt zum direkten Grillen, indirekten Grillen, Backen, Smoken und Grillen bei Niedrigtemperatur. Durch die Keramik hält die Hitzespeicherung so lange wie bei keinem anderen Grill. Es kann bei niedrigen und hohen Temperaturen über viele Stunden gegrillt werden, ohne dass nachgeschürt werden muss. Die Keramik speichert die Hitze über einen enorm langen Zeitraum. Seit mehr als 3000 Jahren werden Keramiköfen dazu benutzt, um zu garen, zu grillen und zu räuchern.

Besonders geeignet für:
Gebackenes vom Schamottstein, *z. B. Flammkuchen und Brot,* ***Geräuchertes,*** *z. B. Käse vom Zedernholzbrett,* ***Kurzgegrilltes,*** *z. B. gebratene Gemüsespieße,* ***Langzeitgegrilltes,*** *z. B. gefüllte Kartoffeln, Auberginen.* ***Bei geschlossenem Deckel*** *auch für z. B. Kuchen im Glas.*

Gasgrills/Elektrogrills

DER KLASSISCHE GASGRILL

Der Gasgrill ist praktisch sofort einsatzbereit. Gasflasche aufdrehen, Regler zünden und loslegen. Durch die Regler lässt sich die Temperatur ideal steuern. Man kann auf ihm direkt und indirekt grillen. Einfach einen Regler auslassen, und schon haben Sie eine indirekte Zone. Mithilfe von Smokerschienen kann man auch auf Gasgrills räuchern, durch das Auflegen eines Pizzasteins lässt sich perfekt backen.

Besonders geeignet für:
Kurzgegrilltes, *z. B. Linsenburger, Tofu, Grillgemüse,* ***Indirektgegrilltes,*** *z. B. Bruschetta, gegrillter Spargel,* ***Gebackenes auf dem Schamottstein,*** *z. B. Teigtaschen,* ***bei geschlossenem Deckel****, z. B. Gemüsequiche*

DER HIGH-END-GASGRILL

Der Gasgrill von heute besitzt oft neben dem Grillrost noch eine Kochzone, diese ist ideal zum Kochen von Soßen und Eintöpfen, Woken und Braten. Zudem besitzt er eine eingebaute Infrarot-Sizzle-Zone. Diese kann Temperaturen von bis zu 800 °C erreichen. Auch ein elektronischer Drehspieß gehört mit zur Ausstattung. Fast eine Küche unter freiem Himmel.

Besonders geeignet für:
Infrarot Sizzle, *z. B. Auberginenscheiben, Veggie Burger,* ***Kurzgegrilltes,*** *z. B. Antipasti-Gemüse,* ***Indirektgegrilltes,*** *z. B. Käse im Pergamentpapier,* ***Gebackenes auf dem Schamottstein,*** *z. B. Brot,* ***Gegartes auf dem Drehspieß,*** *z. B. Gemüsespieße.* ***Bei geschlossenem Deckel backen,*** *z. B.. Hefeteigschnecken*

DER ELEKTROGRILL

Der Elektrogrill eignet sich besonders zum Kurzbraten. Durch die kleinere Grillfläche bietet er sich als Balkon-Grill an. Da er allerdings nur eine Temperaturzone und keinen Deckel hat, lässt er sich nicht so vielfältig benutzen wie andere.

Besonders geeignet für:
Z. B. Kurzgegrilltes*: Burger Pattys, Grillgemüse*

Grill
METHODEN

DIREKT UND INDIREKT GRILLEN

Man spricht heutzutage beim Grillen gerne von „direkt“ und „indirekt“ Gegrilltem. Diese zwei Grillmethoden vereinfachen das Grillen, verhindern schnelles Anbrennen und zwingen uns zum schonenden Garziehen.

DIREKTES GRILLEN

Beim direkten Grillen liegt das Gargut direkt über der glühenden Kohle oder dem voll aufgedrehten Gasbrenner. Das Grillgut ist dabei einer sehr starken Hitze ausgesetzt. Dies ist optimal, etwa für Antipasti-Gemüse, das stark angegrillt wird, damit sich die Röstaromen entfalten können. Eine direkte Grillzone entsteht, wenn man die Brenner des Gasgrills voll aufdreht oder wie beim Kohlegrill, direkt über der Glut grillt.

Vorteil: *Das Gargut wird direkt stark erhitzt, entwickelt Röstaromen und ist schnell gar.*

Nachteil: *Das Gargut kann schneller verbrennen, von innen noch roh sein und von außen gar.*

INDIREKTES GRILLEN

Beim indirekten Grillen liegt das Gargut nicht direkt über der Glut. Bei dieser Grilltechnik wird beim Grillen mit Holzkohle die Glut nur auf eine Seite des Grills zentriert. Beim Gasbrenner werden dafür einfach auf einer Seite des Grills ein oder mehrere Brenner ausgelassen.

Indirektes Grillen vereinfacht einiges. Wenn Sie das Gargut auf der direkten Seite des Grills von allen Seiten scharf angrillen und es danach auf die indirekte Seite des Grills legen und gar ziehen lassen, verhindert das schnelles Anbrennen. So lassen sich alle Lebensmittel schonend zubereiten. Die Hitze, die auf das Gargut trifft, ist nicht ganz so heiß wie beim direkten Grillen.

Ideal ist es beim indirekten Grillen, einen Grill mit Deckel zu benutzen, so kann sich bei geschlossenem Deckel die Hitze ideal verteilen. Aber auch bei Grills ohne Deckel sollte man, wenn man die Möglichkeit hat, immer eine indirekte Grillzone schaffen.

Indirektes Grillen eignet sich besonders für großes Gargut, was lange braucht, z. B. gefüllte Auberginen.

Vorteil: *Das Gargut kann schonend und stressfrei zubereitet werden. Es verbrennt nicht so schnell.*

Nachteil: *Das Gargut braucht länger, um gar zu werden. Nicht auf jedem Grill kann man eine indirekte Zone schaffen.*

FÜR DIE REZEPTE

Bei den folgenden Rezepten wird nicht angegeben, welcher Grill genutzt werden muss, sondern welche Temperatur und welche Grillmethode gebraucht wird. So sehen Sie auf einen Blick, ob das Rezept für Ihren Grill geeignet ist. Direktes Grillen klappt mit jedem Grill, beim indirekten Grillen muss es möglich sein, eine indirekte Zone einzurichten. Um die Temperatur messen zu können, ist ein Grillthermometer sehr praktisch und garantiert das Gelingen der Gerichte.

MoCuisine!

REZEPTE

FRÜHLINGSHAFT

Zeit zum Angrillen! Aromatische, duftende Kräuter, junge Möhren, Radieschen, Kartoffeln, Spargel, Rhabarber und vieles mehr finden Sie jetzt in Hülle und Fülle auf den Märkten. Wunderbare Geschmacks-erlebnisse sind garantiert.

Flammkuchen

MIT BÄRLAUCH-PESTO, RADIESCHEN UND FETA

Flammkuchen vom Grill? Na klar! Mit dem Schamottstein ist das kein Problem und der Flammkuchen ist schnell gar und wird herrlich knusprig.

Temperatur: 250 °C direkt | mit geschlossenem Deckel auf dem Schamottstein

ZUTATEN

(4 Portionen)

2 Rollen Flammkuchenteig (aus dem Kühlregal, je 260 g)
200 g Radieschen
½ Bund Frühlingszwiebeln
250 g Crème fraîche
Salz
150 g Feta
grober Pfeffer

AUSSERDEM

1 Schamottstein
50 g Bärlauch-Pesto (nach dem Rezept auf S. 143, mit Bärlauch statt mit Basilikum zubereitet)

ZUBEREITUNG

Den Grill mit Schamottstein auf 250 °C vorheizen.

Den Flammkuchenteig jeweils ausbreiten. Radieschen waschen und putzen, anschließend in dünne Scheiben schneiden oder hobeln. Frühlingszwiebeln waschen, trocken tupfen und in dünne Ringe schneiden.

Crème fraîche mit etwas Salz verrühren und den Flammkuchenteig damit bestreichen. Bärlauch-Pesto zubereiten und darauf verteilen, dann mit Frühlingszwiebeln belegen. Feta zerbröckeln und ebenfalls darauflegen. Mit Pfeffer bestreuen.

Flammkuchen auf den Schamottstein legen und bei geschlossenem Deckel in etwa 5–10 Minuten knusprig backen. Später die gehobelten Radieschen darauf verteilen.

TIPP

Schamottsteine gibt es sehr günstig im Baumarkt und die Anschaffung lohnt sich! Achten Sie aber darauf, dass der Stein lebensmittelecht ist.

Bruschetta VOM GRILL

Bruschetta mal anders: Mit Erbsen, Tofu und Käse sind die kleinen krossen Brote ein ganz besonderer Genuss.

Temperatur: etwa 200 °C direkt | mit geschlossenem Deckel

ZUTATEN

(4 Portionen)

150 g Räuchertofu
250 g Sauerrahm (Schmand)
¼ Bund Petersilie
150 g Bergkäse
250 g TK-Erbsen, aufgetaut, oder frische ausgepalte Erbsen
Salz
Pfeffer
600 g Baguette
4 EL Olivenöl

ZUBEREITUNG

Räuchertofu in feine Würfel schneiden und in eine Schüssel geben. Petersilie waschen, trocken schütteln und hacken, Bergkäse reiben. Sauerrahm, Erbsen, 1 Teelöffel Petersilie und den Bergkäse mit in die Schüssel geben und gut verrühren. Mit Salz und Pfeffer würzen.

Das Baguette in Scheiben schneiden. Beide Seiten mit Olivenöl bestreichen und auf dem Grill von einer Seite anrösten.

Die Masse mit einem Löffel auf die angeröstete Seite der Brotscheiben streichen. Die bestrichenen Brotscheiben wieder auf den Grillrost legen und bei geschlossenem Deckel in etwa 5–10 Minuten kross grillen.

GEGRILLTER *Spargel* MIT TALEGGIO-KARTOFFELN

Kartoffeln und Spargel – eine klassische Kombination! Durch den Taleggio wird das Gericht würzig, herzhaft und einfach nur köstlich.

Temperatur: etwa 150 °C direkt | mit geschlossenem oder offenem Deckel

ZUTATEN

(4 Portionen)

800 g neue Kartoffeln
800 g weißer Spargel
200 g Taleggio (ital. Weichkäse) oder ein anderer Weichkäse
schwarzer grober Pfeffer
4 EL Olivenöl
Zucker
Salz
Pflanzenöl

AUSSERDEM

Alufolie
Gartenkresse-Dip (s. S. 137)

ZUBEREITUNG

Kartoffeln waschen und mit Schale gar kochen. Abgießen und etwas abkühlen lassen. In der Zwischenzeit Spargel schälen, die holzigen Enden ganz abschneiden. Kartoffeln längs halbieren und etwas aushöhlen. Das Ausgehöhlte beiseitestellen.

Vom Taleggio die Rinde abschneiden und den Käse fein würfeln. Die ausgehöhlte Kartoffelmasse mit dem Käse und etwas Pfeffer vermengen. Die ausgehöhlten Kartoffeln damit füllen und die Kartoffelhälften wieder fest zusammendrücken. Kartoffeln mit etwas Olivenöl beträufeln, in Folie wickeln und auf dem Grill etwa 15 Minuten grillen. Dann sollte der Käse geschmolzen sein.

Die Spargelstangen mit etwas Pflanzenöl bestreichen und mit Salz und Zucker bestreuen. Den Grill auf etwa 150 °C anheizen und den Spargel auf der direkten Flamme knackig grillen. Das dauert etwa 10 Minuten.

Spargel mit Gartenkresse-Dip und Taleggio-Kartoffeln servieren.

Spargel PIZZA VOM GRILL

Pizza wie vom Italiener, knusprig, tomatig, gut. Nehmen Sie das Teigrezept als Basis und variieren Sie den Belag nach Lust und Laune!

Temperatur: etwa 250 °C indirekt/direkt | mit geschlossenem Deckel auf dem Schamottstein

ZUTATEN
(4 Portionen)

TEIG
21 g frische Hefe (½ Würfel)
½ TL Zucker
½ TL Salz
300 g Weizenmehl
6 EL Olivenöl

BELAG
400 g Tomaten
200 g grüner Spargel
50 g rote Zwiebeln
1 Zweig Rosmarin
100 g Parmesan
½ TL Salz
Pfeffer
Zucker
100 g Crème fraîche

AUSSERDEM
1 Pizzastein (Schamottstein)

ZUBEREITUNG

FÜR DEN TEIG
Hefe mit 125 ml lauwarmem Wasser und Zucker in einer Schüssel verrühren und 5 Minuten ruhen lassen.

Salz, Weizenmehl und Olivenöl zum Vorteig geben und die Zutaten mit dem Handrührgerät (Knethaken) oder mit der Küchenmaschine zu einem geschmeidigen Teig vermengen. Evtl. etwas mehr Mehl unterarbeiten. Den Teig mit einem Küchentuch abdecken und an einem warmen Ort 60 Minuten gehen lassen, bis er sein Volumen vergrößert hat.

FÜR DEN BELAG
Tomaten waschen, trocken tupfen und grob würfeln. Ggf. Stängelansätze entfernen. Spargel im unteren Drittel schälen, holzige Enden abschneiden. Spargel waschen, trocken tupfen und quer in fingerdicke Stücke schneiden. Zwiebel(n) schälen, in Scheiben schneiden, dann in Ringe teilen. Rosmarin waschen, trocken schütteln und hacken. Parmesan reiben.

Tomaten mit Salz, je 1 Prise Pfeffer und Zucker grob vermengen. Den Hefeteig mit etwas Mehl bestaubt ausrollen. Die Tomatenmasse darauf verstreichen. Spargelstücke und Zwiebelringe darauflegen. Crème fraîche klecksweise daraufgeben, mit ½ Teelöffel Rosmarin und Parmesan bestreuen.

Den Pizzastein auf den Grillrost legen und den Grill auf 250 °C aufheizen. Die Pizza auf den Stein legen und etwa 20 Minuten backen.

Tofu SANDWICH

MIT PFLAUMEN-PORTWEIN-CHUTNEY UND ZIEGENKÄSE AUS DEM SMOKER

Tofu zum Angeben: Gefüllt mit Ziegenkäse und Chutney macht dieses ungewöhnliche Sandwich richtig was her!

Temperatur: etwa 200 °C direkt und 130 °C im Smoker | direktes Grillen mit offenem Deckel und indirekt smoken bei geschlossenem Deckel

ZUTATEN

(4 Portionen)

TOFU

100 ml Sojasoße
50 ml Sesamöl
1 EL Honig
4 Stücke Naturtofu (je 150 g)

FÜLLUNG

200 g Ziegenfrischkäse
4 Zucchini
Salz
Zucker
Honig

AUSSERDEM

Pflaumen-Portwein-Chutney (s. S. 151)

ZUBEREITUNG

FÜR DEN TOFU

Sojasoße, Sesamöl und Honig verrühren. Die Tofustücke rundherum damit bestreichen. Den Grill anheizen und den Tofu von jeder Seite auf starker direkter Flamme 3–4 Minuten kross grillen.

FÜR DIE FÜLLUNG

Pflaumen-Portwein-Chutney zubereiten. In jedes Tofustück seitlich eine Tasche schneiden, den Tofu mit jeweils einem Viertel vom Chutney und einem Viertel vom Ziegenfrischkäse füllen.

Zucchini waschen, die Enden abschneiden, anschließend längs in dünne Scheiben schneiden. Mit Salz und Zucker bestreuen und ziehen lassen, bis die Zucchinischeiben weich und biegsam sind.

Den gefüllten Tofu dünn mit Honig bestreichen und fest mit den Zucchinischeiben umwickeln. Die Tofu-Zucchini-Sandwiches bei 130 °C etwa 10 Minuten smoken.

Rhabarber CRUMBLE

Auch Kuchen vom Grill ist kein Problem: Mit geschlossenem Deckel und indirekter Hitze wird dieser Frühlingscrumble einfach perfekt.

Temperatur: etwa 200 °C indirekt | mit geschlossenem Deckel

ZUTATEN

(4 Portionen)

RHABARBER

600 g Rhabarber
80 g Vanillezucker

CRUMBLE

100 g Mehl
100 g Zucker
50 g Haferflocken
90 g Butter, Zimmertemperatur
1 TL gemahlener Zimt

AUSSERDEM

4 feuerfeste Formen

ZUBEREITUNG

FÜR DEN RHABARBER

Rhabarber putzen, waschen und ggf. harte Außenfäden abziehen. In grobe Stücke schneiden und mit Vanillezucker in einer Schüssel mischen. 10 Minuten marinieren lassen, dann in 4 feuerfeste Formen füllen.

FÜR DEN CRUMBLE

Für den Crumble Mehl, Zucker, Haferflocken, Butter und Zimt vermengen, bis ein lockerer Teig entsteht. Teigstreusel auf dem Rhabarber verteilen.

Den Grill auf 200 °C vorheizen und den Rhabarber-Crumble bei indirekter Hitze und geschlossenem Deckel etwa 40 Minuten backen.

Zitronen KUCHEN
MIT HIMBEEREN, HASELNÜSSEN UND FRISCHKÄSE

Diese kleinen Zitronen-Himbeer-Küchlein backen sich auf dem Grill fast wie von selbst und werden schön saftig.

Temperatur: etwa 180 °C indirekt | mit geschlossenem Deckel

ZUTATEN
(4 Portionen)

125 g Butter, Zimmertemperatur
150 g Frischkäse
125 g Puderzucker
2 Eier (Größe M)
150 g Mehl
1 TL Backpulver
50 g gemahlene Haselnüsse
Saft und Abrieb von 1 Bio-Zitrone
100 g TK-Himbeeren, aufgetaut

AUSSERDEM
4 feuerfeste Silikonbackformen

ZUBEREITUNG

Butter und Frischkäse in einer Schüssel cremig rühren. Puderzucker dazusieben und unterrühren. Eier hinzufügen und ebenfalls unterrühren.

Mehl, Backpulver und Haselnüsse in einer zweiten Schüssel mischen, anschließend portionsweise unter die Butter-Ei-Masse arbeiten. Zum Schluss Zitronenschale und -saft unterheben. Dann vorsichtig die aufgetauten Himbeeren einarbeiten.

Den Grill auf etwa 180 °C vorheizen. Den Kuchenteig in feuerfeste Silikonformen füllen und bei indirekter Hitze und geschlossenem Deckel etwa 30 Minuten backen.

TIPP

Diese kleinen Küchlein schmecken auch gut mit TK-Blaubeeren oder den ersten frischen Erdbeeren der Saison.

MoCuisine!

MoCuisine!

GASTKOCH
Stefan Vojvodic

(mit Rezepten von Wolfgang Müller)

Warum immer nur die großen Sterneköche und alten Hasen einladen? Mit Stefan stelle ich die nächste Generation Köche vor. Denn das Wichtigere ist das Danach.

Stefan begleitet mich nun schon ein paar Wegjahre. Er kocht mit viel Herzblut und verarbeitet Gemüse genauso liebevoll wie Fleisch und Fisch. Jedes Produkt wird mit Respekt behandelt. Jung, talentiert und eigen wird er die alte Fraktion sicherlich mal würdig vertreten.

Stefan hat die beiden folgenden Rezepte von Wolfgang Müller gekocht, umgesetzt und in Bildform in dieses Buch gebracht.

KARTOFFEL-SPARGEL Frittata

VON WOLFGANG MÜLLER

Frisch, fröhlich und knackig – mit diesem Gericht macht der Start in die nächste Grillsaison gleich doppelt so viel Spaß.

Temperatur: etwa 180 °C direkt | mit offenem und geschlossenem Deckel

ZUTATEN
(4 Portionen)

TEIG
300 g Kartoffeln
2 EL Crème fraîche
4 Bio-Eier (Größe M)
Meersalz
Pfeffer aus der Mühle
Muskat, frisch gerieben

BELAG
8 Stangen weißer Spargel
8 Stangen grüner Spargel
2 junge Möhren
12 Zuckerschoten
Zucker
Meersalz
16 frische Morcheln (oder getrocknete und eingeweichte)
50 g Butter
4 Wachteleier
100 ml Gemüsefond
Speiseöl
Wildkräuter nach Geschmack (z. B. Vogelmiere, Basilikum, Kresse)

AUSSERDEM
1 feuerfeste Pfanne

ZUBEREITUNG

FÜR DEN TEIG
Für den Teig Kartoffeln schälen und gar kochen. Abkühlen lassen und anschließend durch eine Kartoffelpresse in eine Schüssel drücken. In der Schüssel mit Crème fraîche verrühren. Nach und nach die Eier unterheben und mit den Gewürzen abschmecken.

FÜR DEN BELAG
Weißen Spargel von oben nach unten schälen, die Köpfe ganz lassen, holzige Enden abschneiden. Den grünen Spargel im unteren Drittel schälen, holzige Stellen abschneiden. Beide Spargelsorten in Stücke schneiden. Möhren putzen, schälen, waschen und ebenfalls in Stücke schneiden. Zuckerschoten waschen, in Rauten schneiden und zusammen mit den Spargelstücken mit Zucker und Meersalz etwa 20 Minuten marinieren. Morcheln gut waschen und trocken tupfen, dann in einem Topf mit der Butter anschwitzen. Spargel, Möhren und Zuckerschoten dazugeben und mit dem Gemüsefond halb gar dünsten. Die Wachteleier in einer Pfanne in etwas Öl zu Spiegeleiern ausbraten.

Den Kartoffelteig in einer feuerfesten Pfanne mit etwas Öl auf den Grill stellen und bei mittlerer Hitze den Teig halb stocken lassen. Von der Hitze nehmen und Gemüse und Morcheln in den noch weichen Teig legen. Den Deckel schließen und die Frittata in etwa 25 Minuten goldbraun backen. Vom Grill nehmen und mit Wachtelspiegelei und gewaschenen Wildkräutern garniert heiß servieren.

TIPP

Wachtelspiegeleier braten, in einen Suppenteller geben und mit Klarsichtfolie bespannen, ohne das Eigelb zu berühren. An einen warmen Ort in der Küche stellen, so können Sie die Eier auch nach 30 Minuten saftig und nicht angetrocknet servieren.

ASIATISCHE TOFUsteaks

VON WOLFGANG MÜLLER

Vegetarische Steaks? Mit den richtigen Gewürzen und viel Pfiff werden diese exotischen Tofusteaks zum Hit auf jeder Grillparty!

Temperatur: etwa 250 °C direkt | mit offenem Deckel

ZUTATEN

(4 Portionen)

Koriandersamen
Sesamsamen
500 g Räuchertofu
Salz
Currypulver
Chilipulver
gemahlener Ingwer
1 rote Zwiebel
2 Stängel Thai-Basilikum
1 Stängel Minze
¼ Bund Koriander
1 Bund Frühlingszwiebeln
50 g Sojasprossen
50 g geröstete Erdnüsse
1–2 Bio-Eiweiß (Größe M)
Limettenabrieb

AUSSERDEM

Alufolie

ZUBEREITUNG

Koriandersamen und Sesamsamen in einer Pfanne ohne Öl rösten, dabei immer wieder umrühren, damit nichts anbrennt. Dann beide Samensorten im Mörser fein mahlen. Tofu in feine Würfel schneiden und mit Salz und Gewürzen marinieren.

Zwiebel schälen und in feine Würfel schneiden. Thai-Basilikum, Minze und Koriander waschen, trocken schütteln, Blätter abzupfen und fein schneiden. Frühlingszwiebeln putzen, waschen, trocken tupfen und ebenfalls in kleine Stücke schneiden. Zwiebel, Kräuter, Frühlingszwiebeln und gewaschene Sojasprossen mit dem Tofu mischen.

Geröstete Erdnüsse fein hacken und unterheben. Etwa ⁴⁄₅ der Masse pürieren, mit der restlichen klein geschnittenen Menge mischen. Eiweiß zugeben und das Ganze zu einer homogenen Masse arbeiten. Ggf. ein zweites Eiweiß unterarbeiten.

Aus der Masse 4 Steaks formen und auf den mit Alufolie belegten Grillrost legen. Von jeder Seite etwa 5–7 Minuten goldbraun grillen.

SOMMERLICH-LEICHT

Jetzt haben Obst und Gemüse Hochsaison. Sie müssen nur zugreifen. Ob saftige Tomaten, Zucchini, Auberginen oder süße Beeren: Kulinarische Höhenflüge vom Allerfeinsten warten auf dem Grill auf Sie!

Burrata UND SOMMERTOMATEN
MIT BASILIKUM-PESTO UND HONIG

So herrlich cremig und köstlich – das ist Burrata! Der italienische Frischkäse wird auf bunte Sommertomaten gebettet und mit Pesto verfeinert.

Temperatur: etwa 250 °C direkt | mit geschlossenem Deckel

ZUTATEN
(4 Portionen)

1 kg gemischte aromatische Sommertomaten
4 Burrata-Kugeln (ital. Frischkäse)
4 EL dunkler Aceto balsamico
4 EL Honig
2 TL grober Pfeffer
Salz

AUSSERDEM

1 großer gusseiserner Topf oder 4 kleine gusseiserne Töpfe bzw. Formen
200 g Basilikum-Pesto (s. S. 143)

ZUBEREITUNG

Tomaten waschen, je nach Größe kleiner schneiden und ggf. die Stängelansätze entfernen. Basilikum-Pesto zubereiten. Tomaten mit dem Basilikum-Pesto mischen.

Die Mischung in die gusseisernen oder feuerfesten Formen geben und jeweils eine Burrata-Kugel darauflegen.

Jeweils 1 EL Aceto balsamico, 1 EL Honig, ½ TL groben Pfeffer und etwas Salz zugeben.

Die gusseisernen Töpfe auf den Grill stellen, Deckel schließen und bei 250 °C etwa 15 Minuten grillen.

TIPP

Anstelle von Burrata können Sie auch Mozzarella verwenden.

GEBACKENE Süßkartoffeln MIT PILZPASTE UND CURRY-TOMATENSALAT

Herzhaft, pikant und mit einer milden Schärfe überzeugt dieses Rezept auch Fleischliebhaber.

Temperatur: etwa 200 °C indirekt | mit geschlossenem Deckel

ZUTATEN

(4 Portionen)

SÜSSKARTOFFELN

4 Süßkartoffeln
Salz
Olivenöl
250 g gemischte Pilze
1 Zweig Rosmarin
1 Zweig Thymian
1 Chilischote
250 g Sauerrahm (Schmand)
1 Ei (Größe M)
Pfeffer
1 TL Currypulver

CURRY-TOMATENSALAT

800 g Strauchtomaten
1 Zwiebel
1 Handvoll frischer Koriander
Salz
Olivenöl
Aceto balsamico bianco
Currypulver

AUSSERDEM

1 feuerfeste Pfanne

ZUBEREITUNG

FÜR DIE SÜSSKARTOFFELN

Süßkartoffeln gründlich waschen und trocken tupfen, anschließend halbieren, kräftig salzen und mit einem Schuss Olivenöl beträufelt in Alufolie wickeln. Süßkartoffeln bei direkter Hitze in etwa 15 Minuten weich grillen. Süßkartoffeln auswickeln und das weiche Fruchtfleisch leicht nach innen drücken, sodass jeweils eine Mulde entsteht.

Pilze gründlich putzen und fein würfeln. Rosmarin und Thymian waschen, trocknen, hacken, je 1 Teelöffel in die feuerfeste Pfanne geben und die Pilzwürfel auf dem Grill anbraten. In der Zwischenzeit Chilischote waschen, hacken, ggf. entkernen. Anschließend Sauerrahm mit Ei, gebratenen Pilzen und Chilischote vermengen. Mit Salz, Pfeffer und etwas Curry nach Belieben abschmecken.

Pilz-Sauerrahmmasse in die Süßkartoffelmulden füllen. Süßkartoffeln bei indirekter Hitze, auf der Schalenseite, bei etwa 200 °C und geschlossenem Deckel grillen, bis die Pilz-Sauerrahmmasse fest wird.

FÜR DEN TOMATENSALAT

Tomaten waschen, ggf. die Stängelansätze entfernen, halbieren und in Würfel schneiden. Zwiebel abziehen und fein würfeln. Koriander waschen, trocken schütteln und hacken.

In einer Schüssel Zwiebelwürfel, 1 Esslöffel Koriander, Salz, Olivenöl und Essig zu einem Dressing verrühren und mit Curry abschmecken. Gewürfelte Tomaten zu dem Dressing geben und ziehen lassen. Gefüllte Süßkartoffeln mit dem Salat anrichten und servieren.

GEFÜLLTE auberginen MIT GRANATAPFEL UND FETA

Auch wenn das Entkernen von Granatäpfeln immer ein bisschen umständlich ist, für dieses Gericht lohnt es sich wirklich!

Temperatur: etwa 200 °C indirekt | mit geschlossenem Deckel

ZUTATEN
(4 Portionen)

4 kleine Auberginen
1 Granatapfel
300 g Feta
¼ Bund Minze
Olivenöl
Salz
Pfeffer

ZUBEREITUNG

Auberginen gründlich waschen und Stängelansätze und Enden abschneiden. Anschließend längs halbieren und das Fruchtfleisch aushöhlen, ohne die Schale der Auberginen zu verletzen. Das ausgehöhlte Fruchtfleisch klein schneiden und beiseitelegen.

Granatapfel halbieren und die Kerne über einer Schüssel herausklopfen. Feta zerbröseln. Minze waschen, trocken schütteln und hacken.

Das Auberginenfruchtfleisch mit Granatapfelkernen, Feta, etwas Olivenöl, Salz, Pfeffer und 1 Esslöffel der gehackten Minze vermengen. Die Auberginenhälften mit der Masse füllen.

Den Grill auf etwa 200 °C anheizen und die Auberginen bei indirekter Hitze und geschlossenem Deckel in etwa 30 Minuten weich grillen.

TIPP

Dazu passt ein Kreuzkümmel-Dip. Das Rezept finden Sie auf Seite 141.

1. Platz

ZWEI CRAFT BRAUER EINE LEIDENSCHAFT
Riegele BierManufaktur
BAYERISCH

MoCuisine!

vegan

GEGRILLTE Wassermelone MIT RÄUCHERTOFU

Die Kombination von herzhaft und süß macht's besonders: Karamellisierte Wassermelone mit Tofu und Austernsoße.

Temperatur: etwa 200 °C direkt und 120 °C im Smoker | mit geschlossenem und offenem Deckel

ZUTATEN
(4 Portionen)

1 mittelgroße Wassermelone
200 g Puderzucker
800 g Naturtofu
200 ml Austernsoße

AUSSERDEM
Buchenholz-Chips

ZUBEREITUNG

Wassermelone schälen, vierteln und in Dreiecke schneiden. Die Wassermelonenstücke mit Puderzucker bestauben.

Den Grill anheizen und die Wassermelonenstücke bei direkter Hitze von beiden Seiten etwa 2 Minuten grillen. Der aufgestreute Puderzucker karamellisiert dabei.

Tofu längs in dünne Scheiben schneiden und mit der Austernsoße von beiden Seiten bestreichen. Den Smoker auf 120 °C anheizen. Tofu-Scheiben in den Smoker legen und mit Buchenholz-Chips etwa 10 Minuten räuchern.

Den geräucherten Tofu auf die Wassermelonenstücke legen und sofort noch heiß servieren.

TIPP

Dazu schmeckt ein frischer Rucolasalat.

GERÄUCHERTER *Mozzarella* AUF ZEDERNHOLZ MIT MEDITERRANEM GEMÜSE

Zedernholzbretter sind mehrfach verwendbar und erzeugen ein einzigartiges Aroma. So wird das Gemüse zu einem unvergleichlichen Genuss!

Temperatur: etwa 200 °C direkt und 80 °C im Smoker | mit offenem Deckel und geschlossenem Deckel

ZUTATEN

(4 Portionen)

GEMÜSE

300 g Paprika
300 g Zucchini
200 g Kirschtomaten
1 Knoblauchzehe
1 Zweig Rosmarin
1 Zweig Thymian
3 EL Olivenöl
Salz
Pfeffer

MOZZARELLA

4 Kugeln Mozzarella (je 125 g)
Honig

AUSSERDEM

1 Zedernholzbrett

ZUBEREITUNG

FÜR DAS GEMÜSE

Paprika halbieren, entkernen und Trennwände entfernen. Waschen und trocken tupfen, dann in große Stücke schneiden. Zucchini und Tomaten waschen, von den Zucchini die Enden abschneiden und anschließend in längliche Stücke schneiden. Paprika, Zucchini und Kirschtomaten in eine Schüssel geben.

Knoblauch abziehen und fein hacken. Rosmarin und Thymian waschen, trocken schütteln und hacken. Mit Olivenöl, je 1 Esslöffel Rosmarin und Thymian, Salz und Pfeffer verrühren, zum Gemüse geben und die Zutaten gut mischen. Den Grill auf etwa 200 °C anfeuern und das Gemüse bei direkter Hitze direkt auf dem Rost in 3–4 Minuten scharf-knackig grillen.

FÜR DEN MOZZARELLA

Den Smoker auf 80 °C anfeuern. Mozzarella auf das Zedernholzbrett legen, salzen und pfeffern und mit etwas Honig bestreichen. Mozzarella auf dem Zedernholzbett in den Smoker legen und mit Buchenholz etwa 15 Minuten räuchern.

Das Gemüse anrichten, den Mozzarella darauflegen und nach Geschmack mit etwas Basilikum-Pesto (s. S. 143) garniert servieren.

GRATINIERTER Fenchel UNTER DER KRÄUTERKRUSTE MIT SOMMERTOMATEN

Eine Kräuterkruste ist einfach immer eine gute Idee und macht den Fenchel zu einem originellen Rezept.

Temperatur: etwa 200 °C indirekt | mit geschlossenem Deckel

ZUTATEN
(4 Portionen)

KRÄUTERKRUSTE
1 Zweig Rosmarin
¼ Bund Dill
¼ Bund Petersilie
75 g weiche Butter
3 TL körniger Senf
100 g Semmelbrösel
½ TL Salz
1 Prise Pfeffer

FENCHEL
4 Fenchelknollen
Olivenöl
Salz

TOMATEN
Olivenöl
800 g Kirschtomaten
1 EL Zucker
½ Knoblauchzehe
1 Zweig Rosmarin
1 Zweig Thymian
1 TL Salz
½ TL Schwarzkümmel

AUSSERDEM
1 feuerfester Topf

ZUBEREITUNG

FÜR DIE KRÄUTERKRUSTE
Rosmarin, Dill und Petersilie waschen, trocken schütteln und hacken. Butter mit Senf, Semmelbröseln, je 1 Teelöffel Rosmarin, Dill und Petersilie, Salz und Pfeffer verkneten.

FÜR DEN FENCHEL
Fenchelknollen putzen, waschen und halbieren. Mit Olivenöl bestreichen und salzen. Die Kräuterkruste jeweils auf die Fenchelhälften bröseln. Den Grill auf etwa 200 °C vorheizen und eine indirekte Zone einrichten. Fenchel bei geschlossenem Deckel in etwa 30–40 Minuten weich grillen.

FÜR DIE TOMATEN
Den feuerfesten Topf auf den Grill stellen, etwas Olivenöl hineingeben. Kirschtomaten waschen, trocken tupfen und halbieren, ggf. Stängelansätze entfernen. Knoblauch schälen und hacken. Rosmarin und Thymian waschen, trocken schütteln und hacken. Die Tomaten mit Zucker, ½ Teelöffel Knoblauch, 1 Teelöffel Rosmarin, 1 Teelöffel Thymian, Salz und Schwarzkümmel weich kochen lassen. Je länger die Tomaten gegart werden, desto besser entfaltet sich ihr Aroma.

Fenchelhälften anrichten und mit den saftigen Tomaten servieren.

TIPP

Die Kräuterkruste lässt sich wunderbar auch für jedes andere Gemüse verwenden.

Gurken SCHIFFCHEN

MIT HÜTTENKÄSE UND FRÜHLINGSZWIEBELN

Erfrischend-sommerlich kommen die gefüllten Gurken mit Hüttenkäse daher. Einfach gemacht, aber so gut!

Temperatur: etwa 200 °C indirekt | mit geschlossenem Deckel

ZUTATEN

(4 Portionen)

2 Schlangengurken
3 Frühlingszwiebeln (mit Grün)
½ Chilischote
400 g Hüttenkäse
1 EL heller Aceto balsamico
1 EL Olivenöl
1 EL Honig
½ TL Salz
Pfeffer

ZUBEREITUNG

Gurken schälen, die Enden abschneiden. Gurken längs halbieren und die Kerne mit einem Löffel herauskratzen. Frühlingszwiebeln putzen, waschen und in feine Ringe schneiden. Chilischote halbieren und 1 Hälfte fein hacken.

Hüttenkäse mit Frühlingszwiebeln, Aceto balsamico, Olivenöl, Honig, Salz, Chilischote und einer Prise Pfeffer in einer Schüssel vermengen.

Die Gurkenhälften mit der Hüttenkäse-Mischung füllen. Den Grill auf etwa 200 °C anheizen und die Gurken bei geschlossenem Deckel indirekt etwa 10–15 Minuten grillen.

TIPP

Die Gurkenschiffchen mit frischen Dillspitzen anrichten und dazu Baguette servieren.

Linsen BURGER
IM TOMATEN-OREGANO-BRÖTCHEN

Burger liebt einfach jeder: Das Bun mit getrockneten Tomaten und das Patty aus Linsen werden natürlich selbst gemacht.

Temperatur: etwa 250 °C direkt | mit geschlossenem Deckel auf dem Schamottstein und offenem Deckel

ZUTATEN
(4 Portionen)

TOMATEN-OREGANO BRÖTCHEN
1 Würfel Hefe (42g)
3 getrocknete Tomaten
500g Weizenmehl
1TL Salz, 1TL Zucker
100 ml Olivenöl
2EL Sesam
3EL Tomatenmark
1TL getrockneter Oregano

LINSEN-BURGER
600g rote Linsen, weich gekocht
50 ml Olivenöl
1 Ei (Größe M)
1 Zwiebel
1 Knoblauchzehe
1 Zweig Rosmarin
1 Zweig Thymian
2EL Tomatenmark
Salz, Pfeffer
evtl. etwas Gemüsebrühe

AUSSERDEM
8 Scheiben Bergkäse
1 Schamottstein
Gurkenrelish (s. S. 147)

ZUBEREITUNG

FÜR DAS TOMATEN-OREGANO-BRÖTCHEN
Hefe mit 250 ml lauwarmem Wasser und Zucker in einer Schüssel mischen. 15 Minuten gehen lassen. Die getrockneten Tomaten fein hacken. Die restlichen Zutaten dazugeben und miteinander verkneten, bis sich der Teig vom Schüsselrand löst. Je nach Konsistenz evtl. etwas mehr Mehl hinzugeben. Den Hefeteig zugedeckt an einem warmen und dunklen Ort 60 Minuten gehen lassen, bis sich sein Volumen vergrößert hat.

Aus dem fertigen Teig auf einer bemehlten Fläche Brötchen formen. Den Grill mit dem Schamottstein vorheizen und die Brötchen bei 250 °C darauf bei geschlossenem Deckel etwa 15 Minuten backen. Garprobe: Mit einem Holzspieß hineinstechen, bleibt kein Teig mehr am Holz kleben, sind die Brötchen fertig.

FÜR DEN LINSEN-BURGER
Vorgekochte Linsen mit Olivenöl und Ei leicht pürieren. Zwiebel und Knoblauch schälen und fein hacken. Rosmarin und Thymian waschen, trocken schütteln und fein hacken. Die Masse mit ½ Teelöffel Rosmarin, ½ Teelöffel Thymian und Tomatenmark mischen, je nach Konsistenz evtl. etwas Gemüsebrühe dazugeben. Mit Salz und Pfeffer abschmecken. Die Linsenmasse zu kleinen Bratlingen formen und bei direkter Hitze kross grillen (von jeder Seite etwa 5 Minuten). Kurz bevor die Bratlinge fertig sind, mit dem Bergkäse belegen, damit dieser schmilzt.

Die Brötchen halbieren und mit dem Linsen-Burger und dem Gurkenrelish belegen. Sofort servieren.

vegan

GEGRILLTER SOMMER*Salat* AUS FENCHEL, KIRSCHTOMATEN UND GELBER ZUCCHINI

Raus aus dem Haus und rein ins Grillvergnügen – der Sommer-Salat lässt sich wunderbar mit Tofu oder gegrilltem Käse kombinieren.

Temperatur: etwa 200 °C direkt/200 °C indirekt | mit geschlossenem und offenem Deckel

ZUTATEN

(4 Portionen)

1 Knoblauchzehe
1 Chilischote
1 Zweig Thymian
2 EL Currypulver
Salz
6 EL Olivenöl
3 Fenchelknollen
2 gelbe Zucchini
10 Kirschtomaten
heller Aceto balsamico
Petersilie

ZUBEREITUNG

Eine Knoblauchzehe schälen und hacken, eine Chilischote waschen, entkernen und hacken. Thymian waschen, trocken schütteln und hacken. 1 Teelöffel Knoblauchstückchen, 1 Esslöffel Thymian, ½ Teelöffel gehackte Chilischote, Currypulver und Thymian mit etwas Salz und dem Olivenöl in einer Schüssel verrühren. Fenchelknollen, Zucchini und Tomaten waschen. Fenchel in den Ecken jeweils einschneiden. Die Enden der Zucchini abschneiden und die Zucchini in grobe Stücke schneiden. Stängelansätze der Kirschtomaten entfernen.

Das Gemüse in eine große Schüssel geben und mit dem Curry-Olivenöl gründlich marinieren.

Den Grill auf etwa 200 °C anheizen und Zucchinistücke und Fenchel bei direkter Hitze auf dem Rost grillen, bis das Gemüse Farbe bekommt. Dann auf die indirekte Seite legen, die Kirschtomaten dazulegen und bei geschlossenem Deckel gar grillen. Das dauert etwa 5–10 Minuten. Petersilie waschen, hacken und Salat damit garnieren.

Das Gemüse vom Grill nehmen und in eine große Schüssel geben, mit etwas Aceto balsamico und frischer Petersilie abschmecken, warm servieren.

TIPP

Dazu passt der Kreuzkümmel-Dip (s. S. 141).

Toast HAWAII

MIT ANANAS, RÄUCHERTOFU UND CHEDDAR

Toast Hawaii ohne Schinken? – Klar schmeckt das und zwar (fast) noch besser als das Original, Räuchertofu macht's möglich!

Temperatur: etwa 150 °C direkt | mit geschlossenem Deckel

ZUTATEN

(4 Portionen)

8 Scheiben Sandwichtoast
etwas weiche Butter
400 g Räuchertofu
½ frische Ananas
250 g Cheddar-Käse (in Scheiben)

AUSSERDEM

frische Erdbeeren

ZUBEREITUNG

Die Toastscheiben auf einer Seite mit etwas Butter bestreichen. Räuchertofu in dünne Scheiben schneiden und jeweils auf die gebutterte Seite der Brotscheiben legen.

Ananas schälen, vom Strunk befreien, in Scheiben schneiden, diese jeweils auf den Räuchertofu legen. Zum Schluss die Ananas mit Cheddarscheiben belegen.

Belegte Toastscheiben bei etwa 150 °C auf den Grill legen, bei geschlossenem Deckel warten, bis der Käse geschmolzen ist und die Toastscheiben von unten kross sind. Die fertigen Toasts mit Erdbeeren garnieren.

TIPP

Anstelle von Cheddar können Sie auch einen anderen würzigen Käse verwenden.

SCHOKOLADEN Bananen

Das schmeckt nach Kindheit: Süße Bananen mit geschmolzener Schokolde zum Auslöffeln – Genuss pur!

Temperatur: etwa 200 °C direkt | mit geschlossenem Deckel

ZUTATEN
(4 Portionen)

4 Bananen
200 g Vollmilchschokolade

ZUBEREITUNG

Bananen ungeschält lassen. Die Bananen jeweils vorsichtig der Länge nach einschneiden.

Schokolade in grobe Stücke brechen und jeweils Stücke in die Einschnitte der Bananen stecken.

Bananen auf der Schalenseite mit der Schokoladenseite nach oben auf den Grillrost legen und bei etwa 200 °C direkt mit geschlossenem Deckel grillen, bis die Schokolade geschmolzen ist. Dann kann man die Bananen mit einem Löffel auslöffeln.

Dazu schmeckt eine Kugel Vanilleeis oder auch zwei!

TIPP

Wer es nicht ganz so süß mag, kann eine dunklere Schokolade verwenden.

SCHMAND Tarte

MIT BASILIKUM-ERDBEEREN

Grillen ohne Grenzen – sogar diese köstlich-zitronige Tarte gelingt mit diesem Rezept spielend leicht.

Temperatur: etwa 200 °C indirekt | mit geschlossenem Deckel

ZUTATEN

(1 große Tarte)

FÜLLUNG

250 g Crème fraîche
3 Eigelb (Größe M)
1 Ei (Größe M)
110 g Zucker
20 g Puddingpulver Vanillegeschmack
Mark von 1 Vanilleschote
etwas Abrieb von 1 Bio-Zitrone
etwas Abrieb von 1 Bio-Orange

MÜRBETEIG

125 g weiche Butter
75 g Zucker
1 Prise Salz
1 Eigelb (Größe M)
225 g Mehl
Butter für die Form

BASILIKUM-ERDBEEREN

500 g Erdbeeren
6 Stängel Basilikum
Zitronenlikör

AUSSERDEM

1 feuerfeste Tarte-Backform (26 cm)

ZUBEREITUNG

FÜR DIE FÜLLUNG

Crème fraîche mit Eigelb, Ei, Zucker, Puddingpulver und Vanillemark in einer Schüssel glatt verrühren. Mit etwas Zitronen- und Orangenabrieb abschmecken.

FÜR DEN MÜRBETEIG

Butter mit Zucker, Salz und Eigelb mit dem Handmixer (Rührbesen) schaumig schlagen. Mehl dazusieben und alles zu einem geschmeidigen Teig verkneten. Tarte-Form mit etwas Butter fetten, den Mürbeteig dünn ausrollen und in die Form legen.

FÜR DIE BASILIKUM-ERDBEEREN

Erdbeeren putzen, waschen, trocken tupfen und vierteln. Basilikum waschen, trocken schütteln und Blätter abzupfen. Blätter ggf. etwas kleiner zupfen. Erdbeeren mit etwas Zitronenlikör, Zucker und Basilikum mischen.

Den Grill auf etwa 200 °C anheizen und eine indirekte Zone schaffen. Die Füllung auf den Mürbeteig in die Tarteform geben und verstreichen. Die Tarte bei geschlossenem Deckel grillen, bis die Schmandmasse fest wird (das dauert etwa 30–40 Minuten). Erdbeersalat dazu reichen.

TIPP

Sie können die Tarte auch mit gemischten Beeren servieren.

GASTKOCH
Irie Steffen Prase

Thema: vegetarisch! Irie! Für mich war sofort klar, dass Irie ein paar Seiten in diesem Buch füllen muss. Ich kenne wenige vegetarisch kochende Köche, und ich kenne nur einen, der dies mit einer Entspanntheit tut, die er sicherlich aus Jamaika mitgebracht hat.

Er kreiert mit viel Kopf und Herz vegetarische Gerichte, von denen sich sicherlich der ein oder andere Koch noch ein Scheibchen abschneiden darf.

Ich freue mich, schön, dass du auf den nächsten Seiten dabei bist!

vegan

Banana BREAD
MIT PAPAYA-LIMETTEN-SALAT

VON IRIE STEFFEN PRASE

Banane meets Papaya. Für Feinschmecker, die gerne eine Prise Exotik auf dem Grill mögen.

Temperatur: etwa 180 °C direkt | mit geschlossenem Deckel

ZUTATEN
(12 Portionen)

BANANA BREAD
6 sehr reife Bananen
1 Vanilleschote
200 g Weizen-Vollkornmehl
100 g Weizenmehl
150 g brauner Zucker
1 EL Backpulver
Muskat, frisch gerieben
100 ml Kokosöl
1 Apfel
150 g Cashewkerne

PAPAYA-LIMETTEN-SALAT
1 kg Papaya
Saft und Abrieb von
2–3 Bio-Limetten

AUSSERDEM
1 Auflaufform (20 x 20 cm)

ZUBEREITUNG

BANANA BREAD
Bananen schälen und in einer Schüssel mit einer Gabel grob zerdrücken. Vanilleschote der Länge nach halbieren und mit einem Messer das Mark herauskratzen.

In einer weiteren Schüssel beide Mehle, Zucker, Backpulver, Vanillemark und ein wenig geriebene Muskatnuss mischen. Kokosöl dazugeben und die Zutaten zügig miteinander verrühren.

Apfel schälen, vierteln, entkernen und in kleine Würfel schneiden. Unter den Teig heben. Eine Auflaufform (etwa 20 x 20 cm) mit Öl einstreichen, den Teig hineingeben. Mit ganzen Cashews bestreuen und bei etwa 180 °C direkt bei geschlossenem Deckel grillen.

Nach etwa 60 Minuten mit einem Holzspieß prüfen, ob das Banana Bread durchgebacken ist. Das Banana Bread etwa 15 Minuten abkühlen lassen und in 12 gleich große Stücke schneiden.

PAPAYA-LIMETTEN-SALAT
Papayas halbieren, entkernen, schälen und klein würfeln. Mit Limettensaft und Abrieb abschmecken. Das warme Banana Bread mit dem Papaya-Limetten-Salat servieren.

vegan

Süßkartoffeln

MIT CASHEW-BASILIKUM-DIP UND KNOBLAUCH-CRUNCH

VON IRIE STEFFEN PRASE

Süßkartoffeln von ihrer allerschönsten Seite, begleitet von Nüssen und Knoblauch-Crunch ein unvergessliches Gaumen-Erlebnis.

Temperatur: etwa 200 °C direkt | mit offenem Deckel

ZUTATEN

(4 Portionen)

1 daumengroßes Stück Ingwer
1 Stange Zitronengras
Salz
1 kg Süßkartoffeln
Olivenöl

CASHEW-BASILIKUM-DIP

100 g Cashewkerne
1 Topf Basilikum
Saft und Abrieb von ½ Bio-Zitrone
1 Prise Chilipulver
Salz
Zucker
Pfeffer

KNOBLAUCH-CRUNCH

1–2 Knoblauchzehen
2–3 Zweige Thymian
150 ml Öl zum Braten
50 g Panko (japanisches Paniermehl, aus dem Asialaden)

ZUBEREITUNG

Ingwer schälen und grob schneiden. Einige Stunden vor dem Grillen 1 l Wasser mit Ingwer und dem mit dem Messerrücken geklopften Zitronengras und reichlich Salz aufkochen. Süßkartoffeln waschen und schälen, in etwa ½–1 cm große Scheiben schneiden und darin in etwa 2–3 Minuten bissfest abkochen. Herausnehmen, nebeneinander auf ein Blech legen und mit Olivenöl beträufeln. Abkühlen lassen, anschließend kalt stellen.

FÜR DEN CASHEW-BASILIKUM-DIP

Cashewkerne hacken. Basilikumblätter abzupfen, waschen und trocken schütteln. Alle Zutaten mit 100 ml Wasser in einen Hochleistungsmixer geben und mixen und mit Salz, Zucker und Pfeffer abschmecken. Sollte kein Hochleistungsmixer zur Hand sein, kann man die Cashews für ein paar Stunden einweichen und dann verarbeiten.

FÜR DEN KNOBLAUCHCRUNCH

Knoblauch abziehen und die Zehen jeweils halbieren. Thymian waschen, trocken schütteln, die Blättchen abzupfen. Bratöl mit Knoblauch und Thymian in einer tiefen Pfanne erhitzen. Sobald der Knoblauch Farbe bekommt, Panko dazugeben und die Pfanne schwenken. Sobald das Panko goldbraun ist, auf einem Küchentuch abtropfen lassen.

Die Süßkartoffelscheiben bei etwa 200 °C auf beiden Seiten grillen und mit dem Dip und dem Knoblauch-Crunch servieren.

HALLOUMI-ZUCCHINI *Spieße*

MIT CHILI-LIMETTEN-ÖL

VON IRIE STEFFEN PRASE

Käse-Knabberspaß vom Spieß, der Lust auf mehr macht. Davon kann man gleich noch einen essen.

Temperatur: etwa 200 °C direkt | mit offenem Deckel

ZUTATEN
(4 Portionen)

CHILI-LIMETTEN-ÖL

3 Habanero-Chilischoten (rot, gelb)
1 Zweig Thymian
Abrieb von 3 Bio-Limetten
Salz
grober Pfeffer
300 ml gutes Olivenöl

HALLOUMI-ZUCCHINI-SPIESSE

je 1 gelbe und grüne Zucchini
Salz
100 g getrocknete Tomaten
500 g Halloumi

ZUBEREITUNG

FÜR DAS CHILI-LIMETTEN-ÖL
Einige Stunden vor dem Grillen das Chili-Limetten-Öl zubereiten. Dafür die Chilischoten halbieren, entkernen und anschließend fein würfeln bzw. hacken. Thymian waschen, trocken schütteln und hacken. Mit Limettenschale, 1 Esslöffel gehacktem Thymian, Öl, Salz und Pfeffer verrühren.

FÜR DIE HALLOUMI-ZUCCHINI-SPIESSE
Zucchini waschen, die Enden abschneiden. Anschließend längs in 2 mm dicke Scheiben schneiden. Nebeneinander ausbreiten, leicht salzen und 5 Minuten ruhen lassen. Getrocknete Tomaten halbieren und jeweils ein Stück eng in eine Zucchinischeibe einrollen. Halloumi in etwa 2 cm große Würfel schneiden und abwechselnd mit den Zucchiniröllchen auf einen Holzspieß stecken. Die fertigen Spieße dann über Nacht in das Chili-Limetten-Öl einlegen.

Die abgetropften Spieße auf beiden Seiten goldbraun bei etwa 200 °C grillen und mit dem Chili-Limetten-Öl servieren.

TIPP

Statt Zucchinischeiben können Sie auch Auberginenscheiben verwenden.

HERBSTGEFÜHLE

Kürbis, Pilze, Feigen, Birnen, Äpfel ... da schlägt das Herz eines Veggie-Grill-Fans gleich viel höher. Genießen Sie in gemütlicher Runde Pilzspieße, Apfelpizza, Birnentaschen oder Zwiebelkuchen!

Scamorza KÄSE

IM WEINBLATT, IM WOOD PAPER GEGRILLT

Die Woodblätter sind schon ein echter Hingucker auf dem Grill und erst beim Auswickeln offenbaren sie ihr köstliches Inneres.

Temperatur: etwa 200 °C indirekt | mit geschlossenem Deckel

ZUTATEN

(4 Portionen)

16 große eingelegte Weinblätter (aus dem Glas)
800 g Scamorza-Käse (geräucherter Mozzarella)
4 TL Honig
grober Pfeffer
2 getrocknete Tomaten

AUSSERDEM

8 Stücke Wood Paper

ZUBEREITUNG

Das Wood Papier mindestens 20 Minuten in Wasser einweichen. Weinblätter aus dem Glas nehmen und in einem Sieb abtropfen lassen.

Scamorza in Stücke schneiden, mit Honig bestreichen und mit etwas Pfeffer bestreuen. Tomaten in Streifen schneiden. Scamorza mit den getrockneten Tomaten in die Weinblätter einpacken, der Käse muss von den Weinblättern fest umschlossen sein, damit er während des Grillens nicht ausläuft.

Wood Paper aus dem Wasser nehmen und die Weinblattpakete darin einwickeln, mit einer dicken Schnur zubinden.

Die Päckchen bei etwa 200 °C indirekt grillen, bis der Käse weich ist. Das dauert etwa 10–15 Minuten.

TIPP

Dazu frisches Brot und Aioli (s. S. 145) servieren. Die Weinblattpäckchen lassen sich auch direkt auf dem Grill ohne Wood Paper grillen.

Maul TASCHEN

MIT SPINAT-STEINPILZ-FÜLLUNG UND MÖHREN

Der schwäbischer Klassiker in neuem Kleid begeistert jeden Pasta-Freund. Passend zur Jahreszeit schlummern frische Steinpilze darin.

Temperatur: etwa 200 °C direkt | mit geschlossenem oder offenem Deckel

ZUTATEN

(4 Portionen)

MAULTASCHEN

150 g frische Steinpilze
1 Knoblauchzehe
Pflanzenöl
700 g TK-Blattspinat
250 g Semmelbrösel
1 Ei (Größe M)
Salz
Pfeffer
Muskat, frisch gerieben
1 Rolle Maultaschenteig
(aus dem Kühlregal, 250 g)
2 Eier (verquirlt)

MÖHREN

4 Möhren
4 EL heller Aceto balsamico
4 EL Honig
Salz

AUSSERDEM

1 gusseiserne Grillplatte
oder Pfanne
Pergamentpapier

ZUBEREITUNG

FÜR DIE MAULTASCHEN

Steinpilze gründlich säubern, ggf. vorsichtig waschen und trocken tupfen, anschließend fein würfeln. Knoblauch schälen und hacken. Steinpilze mit ½ Teelöffel Knoblauch in etwas Öl anbraten, aufgetauten Spinat dazugeben und kurz mit anbraten. Die Masse in eine Schüssel geben und mit Semmelbröseln und Ei vermischen. Mit Salz, Pfeffer und Muskat abschmecken.

Den Maultaschenteig ausrollen, die Spinatmasse in die Mitte geben und verstreichen, die Teigenden mit dem gequirlten Ei bestreichen und den Teig zur Maultasche einschlagen. Die Teigränder fest zusammendrücken. Den Grill auf etwa 200 °C vorheizen. Maultasche auf einer gusseisernen Platte oder in der Pfanne in Öl in etwa 10 Minuten kross backen.

FÜR DIE MÖHREN

Möhren putzen, schälen und waschen. Mit Aceto balsamico, Honig und etwas Salz marinieren. Möhren in Pergamentpapier einschlagen und auf dem Grill in etwa 10 Minuten weich grillen.

TIPP

Dazu passt der Gartenkresse-Dip (s. S. 137).

MoCuisine

famous

vegan

Herbstpilze AM SPIESS

In nur zehn Minuten verwandeln sich frische, aromatische Pilze in Highlights für den Gaumen.

Temperatur: etwa 200 °C direkt | mit offenem Deckel

ZUTATEN
(4 Portionen)

1 Zweig Rosmarin
1 Zweig Thymian
1 Knoblauchzehe
4 EL Olivenöl
Salz
grober Pfeffer
12 Champignons
16 große Pfifferlinge
4 Kräutersaitlinge

AUSSERDEM

Holzspieße

ZUBEREITUNG

Holzspieße in Wasser legen und darin weichen lassen, damit verhindert man, dass sie anbrennen.

Rosmarin und Thymian waschen, trocken schütteln und hacken. Knoblauch schälen und hacken. Olivenöl mit je 1 Teelöffel Rosmarin und Thymian, ½ Teelöffel Knoblauch, etwas Salz und etwas groben Pfeffer verrühren. Die Pilze gründlich putzen und abbürsten, ggf. vorsichtig waschen und trocken tupfen.

Pilze mit der Marinade bestreichen. Holzspieße aus dem Wasser nehmen und die Pilze abwechselnd auf die Spieße stecken. Pilzspieße bei etwa 200 °C direkt von allen Seiten gar grillen. Das dauert etwa 10 Minuten.

TIPP

Dazu schmeckt ein Quark mit 7 Kräutern (s. S. 139).

GEGRILLTER Kürbis IN CURRYMARINADE

Hochsaison für Kürbisse! Der Hokkaido braucht nur etwas Würze, um auf dem Grill geschmacklich zur Höchstform aufzulaufen.

Temperatur: etwa 200 °C direkt/indirekt | mit offenem oder geschlossenem Deckel

ZUTATEN
(4 Portionen)

1 Hokkaido-Kürbis
1 Knoblauchzehe
1 Zweig Thymian
6 EL Olivenöl
1 EL Currypulver
½ TL gemahlener Kreuzkümmel (Cumin)
¼ TL Cayennepfeffer
Zucker
Salz

ZUBEREITUNG

Kürbis gründlich waschen und trocken tupfen, anschließend vierteln und Kerne und Fasern entfernen. Kürbis in grobe Spalten schneiden. Hokkaido muss nicht geschält werden.

Knoblauch schälen und hacken, Thymian waschen, trocken schütteln und hacken. Olivenöl mit Currypulver, Kreuzkümmel, Cayennepfeffer, ½ Teelöffel Knoblauch, ½ Teelöffel Thymian, Zucker und Salz verrühren. Kürbisspalten mit der Ölmarinade bestreichen.

Den Grill auf etwa 200 °C anheizen und die Kürbisspalten bei direkter Hitze von beiden Seiten anrösten, auf der indirekten Seite fertig grillen. Das dauert etwa 15–20 Minuten.

TIPP

Dazu schmeckt ein Kreuzkümmel-Dip (s. S. 141).

GEFÜLLTE Champignons MIT FRISCHKÄSE

Gefüllte Pilze vom Grill schmecken einfach immer. Große Champignons eignen sich dafür besonders gut.

Temperatur: etwa 200 °C direkt | mit offenem oder geschlossenem Deckel

ZUTATEN
(4 Portionen)

16 große Champignons
4 EL Olivenöl
Salz
1 Zweig Rosmarin
1 Zweig Thymian
1 Knoblauchzehe
350 g Frischkäse (natur)
grober Pfeffer

ZUBEREITUNG

Champignons gründlich putzen, abbürsten und ggf. vorsichtig waschen und trocken tupfen. Die Stiele herausdrehen. Die Köpfe mit Olivenöl bestreichen und die Innenseite salzen.

Rosmarin und Thymian waschen, trocken schütteln und hacken. Knoblauch schälen und hacken. Frischkäse mit je 1 Teelöffel Rosmarin und Thymian, ½ Teelöffel Knoblauch, etwas grobem Pfeffer und Salz verrühren. Die Champignonköpfe mit der Frischkäsemasse füllen.

Champignonköpfe bei direkter Hitze bei etwa 200 °C direkt auf dem Rost gar grillen. Das dauert etwa 15 Minuten.

TIPP

Bei den Kräutern können Sie ganz nach Geschmack variieren.

GEGRILLTER *Zwiebel* KUCHEN

Herbstzeit ist Zwiebelkuchenzeit! Verwöhnen Sie Ihre Gäste mit kleinen Appetithäppchen, während der Kuchen vor sich hin grillt.

Temperatur: etwa 200 °C indirekt | mit geschlossenem Deckel

ZUTATEN

(1 Tarte, 26 cm)

TEIG

½ Würfel Hefe (21 g)
1 TL Zucker
200 g Dinkelmehl
Salz

FÜLLUNG

500 g Zwiebeln
1 Handvoll Petersilie
4 EL Pflanzenöl
½ TL Salz
4 Eier (Größe M)
200 g saure Sahne
1 TL Kümmel
¼ TL Salz

AUSSERDEM

1 feuerfeste Tarte-Form (26 cm)
Butter für die Form

ZUBEREITUNG

FÜR DEN TEIG

Hefe mit 100 ml lauwarmem Wasser und Zucker verrühren und 5 Minuten ruhen lassen. Dinkelmehl und Salz hinzufügen und alles zu einem geschmeidigen Teig verkneten, je nach Konsistenz evtl. etwas mehr Mehl dazugeben. Den Teig mit einem Küchentuch abdecken und an einem warmen Ort 60 Minuten gehen lassen.

FÜR DIE FÜLLUNG

In der Zwischenzeit die Füllung zubereiten. Dafür Zwiebeln schälen und in Würfel schneiden. Petersilie waschen, trocken schütteln und hacken. Öl in einer Pfanne erhitzen und die Zwiebelwürfel darin anschwitzen, aber nicht bräunen. Eier mit saurer Sahne, Kümmel, Salz und 1 Esslöffel gehackter Petersilie verrühren.

Die Backform mit Butter einfetten und den Hefeteig darin ausbreiten. Die angeschwitzten Zwiebeln auf dem Hefeteig verteilen und die Eiermasse daraufgeben.

Den Zwiebelkuchen bei indirekter Hitze und geschlossenem Deckel bei 200 °C etwa 50 Minuten backen.

Honig FEIGEN

MIT PISTAZIEN IM PERGAMENTPAPIER

Hmm, diese köstlichen Honigfeigen mit Pistazienkernen versetzen Sie in die magische Welt aus 1001 Nacht.

Temperatur: etwa 180 °C indirekt | mit geschlossenem Deckel

ZUTATEN

(4 Portionen)

4 getrocknete Feigen
8 frische Feigen
100 g Pistazien
4 EL Honig
50 ml Weißwein
1 EL Butter
1 EL Thymianblätter

AUSSERDEM

Backpapier

ZUBEREITUNG

Getrocknete Feigen in Scheiben schneiden, frische Feigen halbieren. Getrocknete und frische Feigen mittig auf ein großes Stück Backpapier legen. Pistazien hacken und darüberstreuen. Honig, Weißwein, Butter und Thymian daraufgeben.

Backpapier zu einem Päckchen falten und oben mit dem Bindfaden verschließen (die Enden des Bindfadens dürfen nicht zu lang sein, damit sie nicht Feuer fangen). Den Grill auf 180 °C anheizen.

Die Feigen auf der indirekten Seite des Grills bei geschlossenem Deckel etwa 15 Minuten grillen.

TIPP

Dazu Eis servieren.

FABIAN BECK

GASTKOCH
Fabian Beck

Fabi ist eindeutig und unangefochten der Freestyle-König am Grill. Er hat ein Talent, aus den Zutaten spontan die besten Gerichte zuzubereiten, in einer Zeit, in der mein Gehirn noch Anlauf zum Denken braucht.

Ein Koch und Griller auf Augenhöhe. Loyal, ehrlich und auf dem Teppich geblieben. Ein Koch und Freund, an den ich das Zepter des Grills immer weiterreichen würde.

Lass uns Feuer machen!

STAUB
STAUB

GELBE *Bete* IM FADENTEIG

VON FABIAN BECK

So wird aus der Gelben Bete ein richtiges Festessen. Kombiniert mit türkischem Fadenteig bekommt der Grillgenuss eine ganz neue Wendung.

Temperatur: etwa 180 °C indirekt | mit geschlossenem oder offenem Deckel

ZUTATEN

(4 Portionen)

1 Zwiebel
50 g Butter
300 g Gelbe Bete
2 Möhren
2 Bio-Limetten
20 g Honig
Salz
Pfeffer
Zucker
Speisestärke

AUSSERDEM

1 Pck. Fadenteig (Kadayif-Teig, aus dem türkischen Supermarkt)
1 Pizzastein

ZUBEREITUNG

Zwiebel schälen und in feine Würfel schneiden. In einem Topf mit etwas von der Butter anschwitzen.

Gelbe Bete und Möhren schälen und waschen, anschließend in walnussgroße Stücke schneiden, mit in den Topf geben und mit anschwitzen. Limetten gründlich waschen und trocken tupfen. ½ Limette auspressen, restliche Limetten in kleine Stücke schneiden. Limettensaft und Stücke mit in den Topf geben und mit anschwitzen.

Restliche Butter und Honig hinzugeben. Mit Salz und Pfeffer würzen. Wenn nötig noch etwas Zucker hinzugeben. Den Bratensaft mit etwas angerührter Speisestärke abbinden, damit es eine sehr feste Masse wird. Am besten einen Tag stehen lassen, damit das Aroma der Limetten schön einzieht. Dann Limettenstücke herausnehmen.

Den Fadenteig auf dem Tisch ausbreiten. Etwas von der Gelben Bete-Masse daraufgeben und vorsichtig in den Fadenteig einrollen. Indirekt auf dem Pizzastein bei 180–200 °C in etwa 15 Minuten schön goldgelb backen lassen. Der Fadenteig wird dann sehr knusprig, die Masse in der Mitte bleibt weich.

GEGRILLTE RÖMISCHE *Nocken* MIT STAUDENSELLERIE, BIRNE UND ZWIEBELPÜREE

VON FABIAN BECK

Fast wie im Italien-Urlaub! Diese römischen Nocken vom Grill werden mit frischem Gemüse zu einer ausgewogenen Herbst-Mahlzeit.

Temperatur: etwa 180 °C direkt | mit offenem Deckel

ZUTATEN
(4 Portionen)

NOCKEN
1 l Milch
50 g Butter
200 g Grieß
50 g geriebener Parmesan
Salz, Pfeffer
Muskat, frisch gerieben
1 Eigelb (Größe M)

GEMÜSE
6 Stangen Staudensellerie
2 Birnen
1 rote Zwiebel
1 Bund Dill
Saft von 1 Zitrone, Olivenöl
Salz, Pfeffer, Zucker

ZWIEBELPÜREE
500 g Zwiebeln
75 g Butter
50 g Rundkornreis
500 ml Milch
2 Eigelb (Größe M)
3 EL Sahne
1 Weißbrot

AUSSERDEM
1 gusseiserne Grillplatte (Plancha)
1 feuerfester Topf mit Deckel

ZUBEREITUNG

FÜR DIE NOCKEN
Milch mit Butter in einem Topf aufkochen, Grieß relativ zügig unterrühren. Dies wird eine feste Masse. Danach Parmesan unterrühren und die Masse mit etwas Salz, Pfeffer und Muskat würzen. Zum Schluss das Eigelb unterziehen. Die Masse auf ein Blech streichen und auskühlen lassen. Anschließend aus der Masse Halbmonde oder Ähnliches schneiden/ausstechen und mit etwas Olivenöl auf der gusseisernen Platte goldgelb garen (jede Seite 3–4 Minuten).

FÜR DAS GEMÜSE
Staudensellerie putzen, ggf. harte Außenfäden abziehen, die Stangen waschen. Jeweils oben und unten etwas abschneiden, dann in ½ cm dicke Scheiben schneiden. Birnen schälen, entkernen und in dünne Spalten schneiden. Zwiebel abziehen und in feine Streifen schneiden. Dill waschen, trocken schütteln, die Spitzen abzupfen und fein hacken. Gemüse mischen. Mit etwas Zitronensaft und Olivenöl beträufeln. Mit Salz, Pfeffer und etwas Zucker abschmecken. Den Salat kurz verrühren und über die gebratenen römischen Nocken geben.

FÜR DAS ZWIEBELPÜREE
Den Grill auf etwa 120 °C anheizen. Zwiebeln schälen und klein schneiden. In der Butter im feuerfesten Topf dünsten, Rundkornreis kurz mitdünsten. Milch dazugeben und aufkochen lassen. Den Deckel darauflegen und im Grill bei ungefähr 120 °C 30 Minuten ziehen lassen.

Mit einem Küchenmixer die Masse anschließend gut durchmixen. Den Grill auf 180 °C aufheizen. Zum Schluss Eigelb und Sahne verrühren und unter die Masse ziehen. Weißbrot in Scheiben schneiden und das Zwiebelpüree darauf verstreichen. Bei 180 °C im Grill leicht überbacken, bis das Weißbrot schön knusprig und das Püree leicht gebräunt wird.

WINTER TIME

Wenn andere den Grill im Keller verstauen, heizen Sie ihn erst an. Wie wäre es mit einer warmen Bruschetta oder einem Bratapfel? In Wolldecken gekuschelt und dazu einen Punsch – das ist etwas für absolute Genießer!

Raclette BROT
MIT PREISELBEEREN UND CHAMPIGNONS

Die kleine Brotzeit vom Grill braucht nur wenige Zutaten und ist schnell gemacht. Trotzdem schmeckt sie einfach köstlich!

Temperatur: etwa 150 °C direkt | mit geschlossenem Deckel

ZUTATEN
(4 Portionen)

8 Champignons
8 Scheiben Bauernbrot (Roggenbrot)
8 EL Preiselbeerkonfitüre
Salz
8 Scheiben Raclette-Käse
Pfeffer

ZUBEREITUNG

Champignons putzen, abbürsten und ggf. vorsichtig waschen. Pilze in Scheiben schneiden.

Bauernbrotscheiben mit der Preiselbeerkonfitüre bestreichen und mit etwas Salz bestreuen. Käsescheiben darauflegen und nach Geschmack mit Pfeffer bestreuen.

Den Grill auf etwa 150 °C anheizen. Raclette-Brot direkt auf den Grillrost legen und bei geschlossenem Deckel grillen, bis der Käse schmilzt. Das dauert etwa 10 Minuten.

TIPP

Das Raclette-Brot zusätzlich mit fein gehackter Petersilie bestreuen.

WARME Bruschetta MIT APFEL, MEERRETTICH UND KNOLLENSELLERIE

Bruschetta auf winterliche Art mit Apfel und Knollensellerie: Während sie kross grillt, kann man schon mal einen warmen Punsch genießen.

Temperatur: etwa 200 °C direkt | mit geschlossenem und offenem Deckel

ZUTATEN

(4 Portionen)

600 g Baguette
¼ Knollensellerie
3 Äpfel
150 g Sahnemeerrettich
150 g Crème fraîche
4 EL Olivenöl
Salz
Pfeffer

ZUBEREITUNG

Baguette in Scheiben schneiden. Knollensellerie schälen und fein raspeln. Äpfel schälen, entkernen und ebenfalls fein raspeln.

Geraspelten Knollensellerie mit geraspelten Äpfeln, Sahnemeerrettich und Crème fraîche verrühren und mit Salz und Pfeffer abschmecken.

Brotscheiben von beiden Seiten mit Olivenöl bestreichen und auf dem Grill von einer Seite anrösten. Sellerie-Apfel-Meerrettich-Masse mit einem Löffel auf die angeröstete Seite der Brotscheiben streichen. Die bestrichenen Brotscheiben wieder auf den Grillrost legen und bei geschlossenem Deckel in etwa 10 Minuten kross grillen.

TIPP

Die warme Bruschetta schmeckt auch gut mit Zwiebelbaguette.

Sauerkraut HEFETEIGSCHNECKEN

Wie das duftet ... und schmeckt. Für diese kleinen Hefetaschen mit Sauerkraut ist immer Platz!

Temperatur: etwa 200 °C indirekt | mit geschlossenem Deckel auf dem Schamottstein

ZUTATEN
(etwa 20 Stück)

TEIG
½ Würfel Hefe (21 g)
1 Prise Zucker
300 g Weizenmehl
1 TL Salz
1 Ei (Größe M)
6 EL Olivenöl

FÜLLUNG
1 Zweig Thymian
200 g Magerquark
250 g Sauerkraut (aus der Dose)
2 Eier (Größe M)
Salz
Pfeffer
Kümmel

AUSSERDEM
1 Schamottstein oder Backpapier

ZUBEREITUNG

FÜR DEN TEIG
Hefe mit Zucker in 125 ml Wasser auflösen und 15 Minuten zugedeckt bei Zimmertemperatur gehen lassen.

Mehl, Salz, Ei und Olivenöl mit dem Hefeansatz verkneten, bis der Teig nicht mehr klebt. Je nach Konsistenz evtl. mehr Mehl dazugeben. Den Teig 60 Minuten zugedeckt bei Zimmertemperatur gehen lassen.

FÜR DIE FÜLLUNG
Thymian waschen, trocken schütteln und hacken. Quark mit Sauerkraut, 1 Ei und etwa 1 Teelöffel gehacktem Thymian vermengen und mit Salz, Pfeffer und Kümmel abschmecken.

Den Grill auf etwa 200 °C anheizen. Teig auf leicht bemehlter Arbeitsfläche ausrollen und mit der Quark-Sauerkrautmasse bestreichen, am Teigrand 2 cm aussparen. Das restliche Ei verquirlen und die Teigränder damit bestreichen.

Teig fest aufrollen und mit einem scharfen Messer in 20 Scheiben schneiden. Die Schnecken bei geschlossenem Deckel auf dem heißen Schamottstein oder auf Backpapier etwa 30 Minuten backen.

GEFÜLLTE Rote Bete MIT SCHAFSMILCHJOGHURT, HASELNÜSSEN UND PARMESAN

Überraschen Sie Ihre Gäste mal mit etwas ganz Ausgefallenem wie dieser gefüllten Roten Bete. Sie werden viel Zustimmung ernten, versprochen!

Temperatur: etwa 200 °C direkt | mit geschlossenem Deckel

ZUTATEN
(4 Portionen)

1 Zweig Thymian
1 Knoblauchzehe
300 g Schafsmilchjoghurt
100 g gemahlene Haselnüsse
100 g geriebener Parmesan
1 Eigelb (Größe M)
1 TL Honig
Salz
grober Pfeffer
8 Rote Beten (vorgegart)

ZUBEREITUNG

Thymian waschen, trocken schütteln und hacken. Knoblauch schälen und hacken. Schafsmilchjoghurt mit gemahlenen Haselnüssen, geriebenem Parmesan, etwa 1 Teelöffel Thymian, etwa ½ Teelöffel Knoblauch, Honig, Eigelb, etwas Salz und Pfeffer mischen.

Von der Roten Bete jeweils einen Deckel abschneiden und die Bete jeweils so aushöhlen, dass kleine Höhlen für die Füllung entstehen.

Die Rote Bete mit der Schafsmilchjoghurtmasse füllen und bei etwa 200 °C mit geschlossenem Deckel direkt etwa 20–25 Minuten grillen.

TIPP

Das ausgehöhlte Rote-Bete-Fleisch zu einem leckeren Salat verarbeiten und als Beilage reichen.

vegan

Fenchel SALAT
AUS DEM DUTCH OVEN

Dieser Wintersalat hat es in sich und stellt so manches andere in den Schatten. Ein echtes Kraftpaket für Gaumen und Immunsystem.

Temperatur: etwa 200 °C direkt | im Dutch Oven

ZUTATEN
(4 Portionen)

1 Zwiebel
4 Fenchelknollen
4 Orangen
1 Bund Rucola
1 Knoblauchzehe
1 Zweig Rosmarin
4 EL Olivenöl
1 TL Schwarzkümmel
1 TL Currypulver
Salz

AUSSERDEM
1 Dutch Oven

ZUBEREITUNG

Die Holzkohle durchglühen lassen. In der Zwischenzeit Zwiebel abziehen, halbieren und in Streifen schneiden. Fenchelknollen putzen, waschen und in grobe Stücke schneiden. Orangen so schälen, dass die weiße Haut mit entfernt wird, anschließend das Fruchtfleisch filetieren, den Saft dabei auffangen. Rucola waschen, trocken schütteln und die Blätter grob hacken. Knoblauch schälen und hacken. Rosmarin waschen, trocken schütteln und hacken.

Fenchel mit Olivenöl, Zwiebel, etwa ½ Esslöffel Knoblauch, etwa 1 Esslöffel Rosmarin, Currypulver, Schwarzkümmel und etwas Salz mischen. Dutch Oven auf die glühende Kohle stellen, den Fenchel hineingeben und mit dem Orangensaft beträufeln.

Deckel des Dutch Oven schließen, glühende Kohle auf dem Deckel verteilen und den Fenchel in etwa 15–20 Minuten weich schmoren lassen. Sobald der Fenchel weich ist, Orangenfilets und Rucola untermengen und warm servieren.

NKAUFSLISTE
Karotten
Senf
Brot

MoCuisine!

ITAL IS VITAL
MOA FIRE

MoCuisine!

Bratapfel

Ein Klassiker, diesmal nicht aus dem Ofen, sondern indirekt gegrillt. Essen Kinder mit, den Rum durch Apfelsaft ersetzen.

Temperatur: etwa 200 °C indirekt | mit geschlossenem Deckel

ZUTATEN

(4 Portionen)

100 g gemahlene Mandeln
50 g Marzipan
20 g Rosinen
1 EL Rum
1 EL Orangenmarmelade
4 Äpfel

ZUBEREITUNG

Gemahlene Mandeln mit Marzipan, Rosinen, Rum und Orangenmarmelade zu einer Füllung vermengen.

Äpfel waschen und trocken tupfen. Mit einem Apfelausstecher das Kerngehäuse entfernen und die Äpfel aushöhlen.

Äpfel mit der Mandelmasse füllen. Den Grill auf etwa 200 °C vorheizen und eine indirekte Temperaturzone schaffen.

Die Äpfel auf die indirekte Seite des Grills setzen und bei geschlossenem Deckel in etwa 30 Minuten weich grillen.

TIPP

Dazu Vanillesoße oder einen Weinschaum servieren.

APFEL-RUM Küchlein

Diese verführerischen Mini-Kuchen runden ein winterliches Grillvergnügen ab. Dazu eine heiße Schokolade ... und alle sind glücklich.

Temperatur: etwa 200 °C indirekt | mit geschlossenem Deckel

ZUTATEN
(10–12 Stück)

125 g Margarine
125 g Zucker
2 Eier (Größe M)
100 g Mehl
½ EL Backpulver
75 g gemahlene Haselnüsse
½ EL gemahlener Zimt
2 EL Kakao
1 EL Vanillezucker
3 Äpfel
50 ml Rum

AUSSERDEM

10–12 Silikonbackformen (Muffingröße)

ZUBEREITUNG

Margarine mit Zucker und Eiern in der Küchenmaschine oder mit dem Handmixer (Rührbesen) schaumig schlagen. Mehl, Backpulver, Haselnüsse, Zimt, Kakao und Vanillezucker in einer zweiten Schüssel mischen und portionsweise unterrühren.

Äpfel schälen, vierteln, entkernen und grob reiben. Äpfel und Rum unter den Teig heben. Teig in die Silikonbackformen füllen (etwa 80 g).

Den Grill auf 200 °C vorheizen und die Kuchen auf der indirekten Seite, bei geschlossenem Deckel, etwa 15 Minuten backen.

TIPP

Den Kuchen heiß mit geschlagener Sahne servieren.

DAZU DIPS

**Dips, Pesto, Relish & Chutney –
Ohne diese leckeren Begleiter ist das Grillvergnügen nur halb so schön. Sie runden jedes Grillgemüse ab und vertragen sich auch wunderbar mit frischem Brot.**

Gartenkresse DIP

Bei diesem frischen Dip reichen schon ein paar gegrillte Kartoffeln für den Genuss pur.

ZUTATEN
(4 Portionen)

600 g Naturjoghurt
100 g Gartenkresse
Abrieb von 1 Zitrone
Salz
Pfeffer
Zucker

ZUBEREITUNG

Joghurt in eine Schüssel geben. Gartenkresse mit einer Schere vom Beet schneiden, vorsichtig waschen und abtropfen lassen. Zum Joghurt geben und fein pürieren.

Mit Zitronenabrieb, Salz, Pfeffer und Zucker abschmecken.

Quark MIT 7 KRÄUTERN

Dieser köstliche Kräuterquark passt zu jedem Gemüse und schmeckt auch zu geröstetem Brot sehr gut.

ZUTATEN
(4 Portionen)

Je 2 Stängel Dill, Schnittlauch, Petersilie, Sauerampfer, Borretsch, Kerbel
1 Handvoll Kresse
600 g Quark
150 g Sahne
Salz
Pfeffer

ZUBEREITUNG

Kräuter gründlich waschen und trocken schütteln. Blättchen bzw. Spitzen von den Stängeln zupfen und fein hacken, Schnittlauch in Röllchen schneiden und Kresse vom Beet schneiden.

Alle Kräuter mit Quark und Sahne mischen und mit Salz und Pfeffer abschmecken.

TIPP

Sie können einzelne Kräuter nach Belieben und Verfügbarkeit austauschen.

Kreuzkümmel DIP

Dieser Dip bringt eine mediterrane Prise ins Spiel. Sie können ihn eigentlich überall darüberträufeln, um Gerichte zu verfeinern.

ZUTATEN
(4 Portionen)

600 g Naturjoghurt
½ TL gemahlener Kreuzkümmel (Cumin)
50 ml Sesamöl
1 TL Currypulver
1 EL Honig
1 EL Olivenöl
Salz

ZUBEREITUNG

Joghurt mit Kreuzkümmel, Sesamöl, Currypulver, Honig, Olivenöl und etwas Salz zu einem glatten Dip rühren.

Basilikum PESTO

Ohne diesen Klassiker läuft eigentlich gar nichts! Stellen Sie ein Glas mit auf den Tisch, es bleibt garantiert nichts übrig.

ZUTATEN

(4 Portionen)

100 g Pinienkerne
400 g Basilikumblätter
100 g geriebener Parmesan
150 ml Pflanzenöl
50 ml Olivenöl
Salz

ZUBEREITUNG

Pinienkerne in einer Pfanne ohne Fett kurz anrösten und anschließend etwas abkühlen lassen.

Basilikumblätter vorsichtig waschen und trocken tupfen. Mit Parmesan, Pinienkernen, Pflanzen- und Olivenöl und etwas Salz in der Küchenmaschine pürieren, bis ein cremiges Pesto entsteht.

TIPP

Jeweils die Hälfte Olivenöl und Pflanzenöl nehmen. Dies verhindert, dass das Pesto zu bitter wird. Sie können statt Basilikum auch getrocknete Tomaten, Bärlauch, Petersilie, Oliven etc. verwenden und so verschiedene Pesto-Sorten herstellen.

BLITZ *aioli*

OHNE EI

Zum Dippen unerlässlich und vielfältig einsetzbar ist diese klassische Aioli.

ZUTATEN
(4 Portionen)

1 Knoblauchzehe
2 TL Senf
200 ml Milch
300 ml Pflanzenöl
Salz

ZUBEREITUNG

Knoblauchzehe abziehen und hacken. Senf mit Milch und Knoblauchzehe mixen. Pflanzenöl mit dem Stabmixer in einem dünnen Strahl in die Milchmasse gießen, bis diese emulgiert und fest wird. Mit Salz würzen.

TIPP

Auf Knoblauch verzichten und als Mayonnaise servieren. Gekochtes Ei, saure Gurken und gehackte Petersilie untermischen und als Remoulade servieren.

Gurken RELISH
MIT APFEL

Die süß-säuerliche Beilage darf auf dem Grilltisch nicht fehlen.

ZUTATEN
(4 Portionen)

1 Salatgurke
1 Zwiebel
1 Knoblauchzehe
2 Äpfel
½ Chilischote
50 ml Olivenöl
1 EL Senf
2 EL Honig
100 ml heller Aceto balsamico
1 EL gehackter Dill
Salz

ZUBEREITUNG

Salatgurke, Zwiebel, Knoblauch und Äpfel schälen. Salatgurke und Äpfel entkernen und grob würfeln. Knoblauch und Zwiebel fein hacken. Chilischote entkernen und ebenfalls fein hacken.

Olivenöl in einer Pfanne erhitzen und Zwiebel- und Knoblauchstücke kurz darin anschwitzen, Gurken- und Apfelwürfel hinzugeben und alles gemeinsam glasig anschwitzen.

Senf und Honig in die Masse einrühren und mit Aceto balsamico ablöschen. Chilischote, Dill und Salz zugeben und alles einkochen lassen, bis fast keine Flüssigkeit mehr vorhanden ist.

vegan

MANGO *Chutney*

Eine Beilage für alle, die es ein wenig süßer mögen, ist das Chutney aus Mangofrüchten, pikant abgeschmeckt mit Chili.

ZUTATEN

(4 Portionen)

1 Schalotte
300 g Mango
1 kleine Chilischote
1 Zweig Rosmarin
2 EL Olivenöl
2 TL Zucker
1 TL Salz
2 EL Zitronensaft
1 EL heller Aceto balsamico

ZUBEREITUNG

Schalotte schälen und fein hacken. Mango schälen und würfeln. Chilischote fein hacken. Rosmarin waschen, trocken schütteln und hacken. Olivenöl in einem Topf erhitzen und etwa 1 Esslöffel Schalottenstücke darin glasig braten. Mango, Chilischoten nach Geschmack, Zucker, Salz und etwa ½ Teelöffel Rosmarin dazugeben und weiter anschwitzen.

Mit Zitronensaft und Aceto balsamico ablöschen. Einköcheln lassen, bis ein weiches Chutney entsteht, das die Konsistenz von Konfitüre hat.

PFLAUMEN-PORTWEIN *Chutney*

Der ideale Begleiter für ein herbstliches und winterliches Grillvergnügen ist dieses Chutney aus Pflaumen und Portwein.

ZUTATEN
(4 Portionen)

1 Zwiebel
1 Knoblauchzehe
1 Chilischote
250 g getrocknete entsteinte Pflaumen
1 Zweig Rosmarin
1 Zweig Thymian
2 EL Pflanzenöl
250 ml roter Portwein
Kümmel
Salz
Pfeffer
Honig

ZUBEREITUNG

Zwiebel und Knoblauch abziehen, Zwiebel würfeln, Knoblauch fein hacken. Chilischote entkernen und fein hacken. Getrocknete Pflaumen in Würfel schneiden. Rosmarin und Thymian waschen, trocken schütteln und hacken.

Pflanzenöl in einem Topf erhitzen und Zwiebel und Knoblauch darin anbraten. Pflaumen, Chilischote, je etwa 1 Teelöffel Rosmarin und Thymian hinzufügen und mit Portwein ablöschen.

Mit Kümmel, Salz, Pfeffer und Honig abschmecken und einköcheln lassen, bis das Chutney die Konsistenz von Konfitüre hat.

SALOON
Sauer's Pferdehof

REGISTER

L

M

P

Q

R

S

T

W

Z

ÜBER DIE *autorin*

Kochen!
Das bedeutet: Liebe! Familie! Und vor allem Mama!

Sieben Tage die Woche saß die Familie beim Essen zusammen. Es war selbstverständlich, dass Mora Fütterer und ihre Brüder von klein auf auf der schwarzen Mehlkiste in der Küche bei Mama standen und beim Kochen zuguckten oder gar mitkochten.

Da war es unausweichlich, dass Mora Fütterer eine Ausbildung zur Köchin begann, die sie erfolgreich absolvierte. Als junge Frau in der männerdominierten Küche hatte sie es nicht immer leicht. Doch mit einem klaren Ziel vor Augen und ihrem „Dickkopf" hat sie sich durchgesetzt und ist heute bei ihren Kollegen mehr als gern gesehen. Nach der Ausbildung ging sie in die Sternegastronomie und lernte von den besten.

Mit 21 Jahren wurde sie Küchenchefin, etwas jung, noch etwas planlos, aber mit dem nötigen Biss. 2012 machte sie sich selbständig und reiste durch Deutschland, betreute viele Events als Küchenchefin, knüpfte Kontakte und wurde zu exklusiven Events geladen. Jettete von Hotel zu Hotel.

Vor wenigen Jahren entschloss sie sich, zurück nach Stuttgart zu gehen. Dort gründete sie ihr Catering Unternehmen MoCuisine!, mit dem sie weiblich, charmant, hochwertig und fair zu jeder Gelegenheit auftischt. Mora Fütterer ist mit Herz Gastgeberin!

Den Einstieg in die Grillszene fand sie, weil sie mit einem der größten Schwenkgrills der Welt lange unterwegs war. Heute gibt sie ihr Wissen in Grillkursen weiter und hat als eine der wenigen Frauen die männerdominierte BBQ-Szene fest im Griff.

Danke

*Der erste Dank geht an Fabian Beck, ohne den ich dieses Buch wahrscheinlich nicht geschrieben hätte.
Danke an die Edition Michael Fischer für das Vertrauen. Danke an Juliane Rottach für die gute Unterstützung und die lockere Umsetzung dieses Buchs.
Danke an die Gastköche Steffen Prase und Stefan Vojvodic.
Danke an Rudi Braun für den ausführlichen Beitrag über Olivenöl.
Danke an Bettina Thomas von der Firma Staub und Zwilling für die Unterstützung.
Ein großes Dankeschön an Elena von MonolithGrill für deine wahnsinnsgroße Unterstützung und deine herzlich frohe Art. Danke Michael, ohne dich kein „Mo“ und Monolith.
Danke Volker und Veronique für die tollen Tage und diese wunderbaren Bilder.
Danke Michael Preidl von Grillgott für den hammer Ò fire.
Danke Jole für das Korrigieren mancher Texte.
Und nun ein besonderes Dankeschön an all die Menschen, die mir während der ganzen „Buch“-Zeit den Rücken gestärkt haben. Danke Jürgen, danke Isa fürs Kochen, Schnippeln, Aufräumen und alles, was zu einem guten Shooting dazugehört. Dank eurer Unterstützung sind so viele tolle Bilder entstanden.
Danke Steffen für die guten Nerven, die lückenlose Bierversorgung, dein Stammkundenpotenzial in einem gewissen Supermarkt, deine Liebe.
Danke Jessy, dass du immer ein offenes Ohr bei vielen Kaltgetränken für mich hast. Danke für die letzten Jahre, danke für deine Freundschaft. Auf uns!
Danke Mama, dass du mir das feine Händchen des Kochens in die Wiege gelegt hast. Mich in all meinem Tun und meinen Entscheidungen immer so fest unterstützt, oft meine Nerven reparierst und mich nie alleine lässt.
Danke für deine Liebe!*

Ich danke allen Menschen, die daran beteiligt waren und sind, dass ich meinen Weg gehen kann, wie ich ihn gehe.

DIE *Gäste*

STEFFEN PRASE

Steffen Prase hat seit seiner Ausbildung in der gehobenen Gastronomie zwei Leidenschaften entwickelt: eine für die Kultur Jamaikas und eine für die vegetarische Küche.

Inspiriert durch die Menschen, die Natur und die Musik der Karibik hat Steffen Prase seine Berufung und seine Nische in der modernen Kochlandschaft gefunden: die vegetarische Reggae-Küche. Seit einigen Jahren schaut der Kochbuchautor Reggae-Künstlern auf der ganzen Welt in den Kochtopf und bereitet gemeinsam mit ihnen deren Lieblingsgerichte zu.

Es ist ihm wichtig, Menschen wieder zum Kochen zu motivieren. Inspiration findet man in seiner Kochbuchreihe MOA FIRE – Nahrung für die Seele – in Bild und Ton. Diese Kombination aus Kulinarik und Reggae-Kultur verbreitet er vor allem auf Festivals mit seiner mobilen Küche „DaSandwichmaker". Außerdem kann man ihn auch auf seinen besonderen Bühnenshows in ganz Deutschland erleben. Er ist offizieller Tour-Koch vom bayerischen Rebell Hans Söllner und sorgt für das leibliche Wohl des Künstlers und seiner Band. Weitere Informationen unter ***www.MoaFire.com***

FABIAN BECK

Vom Hausdiener zum Küchenmeister. Fabian hat den Beruf Koch von der Pike auf gelernt. Er ist heute als Küchenmeister in Würzburg tätig. Seit über acht Jahren steht er nicht nur hinter dem Herd, sondern auch am Grill. Mit seinen Jungs holte er schon des Öfteren bei Grillmeisterschaften den Titel nach Hause. Mit seiner Firma „Beck to Grill" richtet er verschiedenste Veranstaltungen als Caterer aus und gibt sein Wissen in Grillkursen an jeden Wissbegierigen weiter ***(www.becktogrill.de)***.

STEFAN VOJVODIC

Stefan Vojvodic hat eine klassische Kochausbildung abgeschlossen und ging danach in die Sternegastronomie. Er trieb sich in verschiedenster Gastronomie herum. Er kocht mit viel Professionalität, hochwertig und mit Herz. Stefan ist die nächste Generation Koch!

RUDI BRAUN

Rudi Braun verkauft Olivenöl mit seiner Firma Maronia. Seine Frau ist Griechin. Sie kommt aus Thrakien in Nordostgriechenland. Genauer gesagt, aus dem Ort, in welchem Odysseus den Zyklopen blendete. Maronia! In dieser von Landwirtschaft geprägten Region hat ihre Familie natürlich eigene Olivenbäume und bringt die Oliven jedes Jahr im Oktober zur nahe gelegenen Olivenmühle. Inzwischen haben sich mehrere Erzeuger zusammengeschlossen. Die Öle werden biodynamisch und nachhaltig produziert, und es handelt sich grundsätzlich um die frühe Ernte, die im Oktober gepresst wird. Diesen flüssigen Goldschatz verkaufen die zwei in Deutschland an Endverbraucher, Köche und in die Spitzengastronomie ***(www.antikleia.de)***.

In Olivenöl we trust & immer schön geschmeidig bleiben!

VOLKER DEBUS

„Das Auge isst bekanntlich mit", sagt man. Volker Debus ist Fotograf und hat mit seiner tollen Arbeit aus dem Buch das gemacht, was wir mit dem Auge sehen können. Eine tolle Zusammenarbeit, aus der wunderbare Bilder entstanden sind ***(www.debusfoto.de)***.

IMPRESSUM

Bibliografische Information der Deutschen Bibliothek.

Die Deutsche Bibliothek verzeichnet diese Publikation in der Deutschen Nationalbibliografie.
Detaillierte bibliografische Daten sind im Internet über http://www.dnb.de/ abrufbar.

EIN BUCH DER EDITION MICHAEL FISCHER

3. Auflage 2020

Covergestaltung, Layout und Satz: Michaela Zander
Lektorat: Annerose Sieck, Neumünster
Produktmanagement: Juliane Rottach
Fotografie: Volker Debus, München
Porträt Seite 17: Thomas Rebel von Rebel Shotz
Porträt Seite 159 links: Sarah Philipp Photography
Grill auf Buchrücken: © Meilun/Shutterstock

ISBN 978-3-86355-885-7

Gedruckt bei Polygraf Print, Čapajevova 44, 08001 Prešov, Slowakei

www.emf-verlag.de